COMUNICACIÓN INTERNA
EN LA PRÁCTICA

Coordinación editorial:
DÉBORA FEELY

Diseño de tapa:
DCM DESIGN

MANUEL TESSI

COMUNICACIÓN INTERNA EN LA PRÁCTICA

Siete premisas para la comunicación en el trabajo

GRANICA
BUENOS AIRES - BARCELONA - MÉXICO - SANTIAGO - MONTEVIDEO

© 2012 *by* Ediciones Granica S.A.

ARGENTINA
Ediciones Granica S.A.
Lavalle 1634 3º G / C1048AAN Buenos Aires, Argentina
Tel.: +54 (11) 4374-1456 - Fax +54 (11) 4373-0669
granica.ar@granicaeditor.com
atencionaempresas@granicaeditor.com

MÉXICO
Ediciones Granica México S.A. de C.V.
Valle de Bravo Nº 21 El Mirador Naucalpan Edo. de Méx.
53050 Estado de México - México
Tel.: +52 (55) 5360-1010 - Fax: +52 (55) 5360-1100
granica.mx@granicaeditor.com

URUGUAY
Ediciones Granica S.A.
Scoseria 2639 Bis
11300 Montevideo, Uruguay
Tel.: +59 (82) 712 4857 / +59 (82) 712 4858
granica.uy@granicaeditor.com

CHILE
granica.cl@granicaeditor.com
Tel.: +56 2 8107455

ESPAÑA
granica.es@granicaeditor.com
Tel.: +34 (93) 635 4120

www.granicaeditor.com

Reservados todos los derechos, incluso el de reproducción en todo o en parte, en cualquier forma

ISBN 978-950-641-723-9

Hecho el depósito que marca la ley 11.723
Impreso en Argentina. *Printed in Argentina*

Tessi, Manuel
   Comunicación interna en la práctica : siete premisas para la comunicación en el trabajo . - 1a ed. - Buenos Aires : Granica, 2012.
   264 p. ; 22x15 cm.

   ISBN 978-950-641-723-9

   1. Administración de Empresas. I. Título
   CDD 658

A mi padre,
que está aquí

ÍNDICE

PRÓLOGO
LA SEMILLA DE LAS SIETE PREMISAS   13

I - LA NECESIDAD
PROBLEMAS Y SOLUCIONES FRECUENTES   17
Una comunicación impecable - *Tarea humanamente imposible*   19
Comunicación interna - *Un crecimiento vertiginoso*   20
Difusión disciplinaria - *La comunicación externa de la comunicación interna*   25
Una llamada inquietante - *González, tenemos un problema*   27
Testimonios reales - *Es más de uno, señor*   30
Soluciones frecuentes - *Fuego contra fuego*   34
Un mensaje detrás del otro - *El señor de los martillos*   36
La cocina de la comunicación interna - *Cuidado con los condimentos*   39
Una gestión sin correo electrónico - *¿El pasado o el futuro?*   43
El hombre y la máquina - *En ese orden*   45
Trabajo móvil - *La oficina a la distancia de un brazo*   48
Concierto en las soluciones - *Versión unplugged*   50
Alineación - *Un norte para las siete premisas*   53
Tácticas exitosas - *A tres pasos de distancia*   54
Premisas de comunicación interna - *"Simple" no es sinónimo de "fácil"*   57
Las siete premisas - *El resumen del resumen*   59
Planificación, implementación y evaluación - *Siete dividido tres*   61

II - PLANIFICACIÓN
ESCUCHAR PRIMERO - CAPITALIZAR LAS QUEJAS   63
1) ESCUCHAR PRIMERO   65
Escucha sistemática - *Instrumentos del área de comunicaciones*   68
Herramientas de la premisa - *Escuchar es medir*   70
La escucha en la práctica - *Alerta roja*   71
Medir para mejorar - *Escuchar lo que no se dice*   72
Los sonidos del silencio - *Lo que no queremos escuchar*   73
Clima laboral y comunicación interna - *Confusión en la escucha*   74
Mediciones complementarias - *El clínico y el especialista*   76
Escuchar en las crisis - *Todos quieren evitarlo*   78

CASO DE ESTUDIO
Adquisición de empresas - *Una crisis resuelta con la escucha* 82
2) CAPITALIZAR LAS QUEJAS 87
Un paso antes de la capitalización - *Paradigmas que promueven quejas* 88
Integración en la premisa - *Cuando lo negativo es positivo* 91
Cuidado, no son clientes - *Problemas matrimoniales* 92
Regalo de casamiento - *Sí, quiero* 95
Marketing interno - *¿Ni los regalos alcanzan?* 96
Categorización en la escucha - *¿Cuánto vale cada queja?* 98
La queja fácil, el oído difícil - *El cinturón negro de la escucha* 99
CASO DE ESTUDIO
Un agradecimiento con queja - *Dos mil macetas y ninguna flor* 101

III - IMPLEMENTACIÓN
ORDENAR LA EMISIÓN - NARRAR CON SIGNIFICADO - OFRECER LA PALABRA 105
3) ORDENAR LA EMISIÓN 107
Cinco errores frecuentes - *¿Los padres del paradigma tradicional?* 110
Cinco claves de éxito - *Los polos orientadores* 111
Capacitación en comunicación interna - *Perdón, tengo una llamada* 113
Comunicación interna y externa - *Más que el nombre de un departamento* 114
Comunicación presencial - *¿Un diálogo platónico?* 115
Múltiples emisores - *Una estrategia en pinza* 116
Todos sabemos comunicarnos - *Primer mito de la comunicación interna* 118
Toda la organización crece - *Los polos se atraen* 120
CASO DE ESTUDIO 122
La campaña del código de ética - *Nos compete a todos* 122
4) NARRAR CON SIGNIFICADO 127
La información, alimento organizacional - *¿Más buena que el pan?* 129
Significados positivos y negativos - *Eros y Tánatos* 131
Gestión con precisión matemática - *¿La comunicación es un invento?* 133
Un ejemplo mayéutico - *La leña que calienta más* 135
Significación en los empleados - *El espíritu de la comunicación laboral* 137
La palabra del líder - *Una catedral para la comunicación interna* 138
Comunicación en dos palabras - *"Hacer hacer"* 140
Verdad y significado - *La adversidad inspira* 142
Narraciones significantes - *El hombre en busca de historias con sentido* 145
CASO DE ESTUDIO 148
La significación del CEO - *Una palabra multiplicada por mil* 148
5) OFRECER LA PALABRA 154
La campaña de los empleados - *Todos salen en la foto* 155
Una cuenta mal hecha - *Conversar en el trabajo es perder el tiempo* 157
El caso del sindicato - *La comunicación, un jefe en común* 159
Un objetivo muy preciso - *Reunirse a dar vueltas* 163

Un caso de comunicación en cascada - *El salmón contra la corriente*	165
Promover conversaciones - *Incluso en la incertidumbre*	167
CASO DE ESTUDIO	168
Ofrecer la palabra en una crisis - *Cuando nadie sabe qué comunicar*	168

IV - EVALUACIÓN
MEJORAR LOS LOGROS - ¿Y EL CUADRO DE RESULTADOS?

	175
6) MEDIR LOS LOGROS	177
Oráculo organizacional - *Dime de qué hablan tus empleados…*	179
Brújula directiva - *Los puntos cardinales de la evaluación*	180
Evaluar la gestión del área de Comunicaciones - *¿Es medir la comunicación?*	183
Un caso de evaluaciones paradójicas - *La comunicación está bien y mal*	185
Indicadores bipolares - *¿Esquizofrenia organizacional?*	186
La búsqueda del tesoro - *Ir detrás de los "puntitos"*	188
Consecuencias de medir los logros - *Reportar a la Gerencia General*	189
Una evaluación de película - *El padrino y Titanic*	191
CASO DE ESTUDIO	194
Una campaña que pone en campaña - *Los empleados miden sus logros*	194
7) ¿Y EL CUADRO DE RESULTADOS?	199
Solo beneficios no operativos - *Otro mito para desterrar*	201
Una metáfora para el indicador económico - *Luz, cámara, acción*	203
El camino de la séptima premisa - *De la sintaxis a la calculadora*	204
Tres variables económicas - *Sociedad de responsabilidad ilimitada*	207
Un ejemplo real - *El equipo sin líder*	210
Siete premisas en una palabra - *La contraseña es "economy"*	212
Economía en inglés - Ambition *vs. Ambición*	214
Economía en inglés II - *Más allá del diccionario*	217
DOS CASOS DE ESTUDIO	219
Comunicación inter-áreas - *Unas "palabras" a cargo del gerente de "números"*	219
El caso del terremoto - *Experiencia en primera persona*	228

V - TENDENCIA
PALABRAS FINALES

	235
Tendencias generales - *Similitudes mundiales*	237
Resultados en Hispanoamérica - *Emergentes prioritarios*	245
Síntesis en tres palabras - *Un podio para las acciones de mejora*	250
Palabras finales - *El futuro de la comunicación interna*	253

BIBLIOGRAFÍA	257
AGRADECIMIENTOS	261

PRÓLOGO

LA SEMILLA DE LAS SIETE PREMISAS

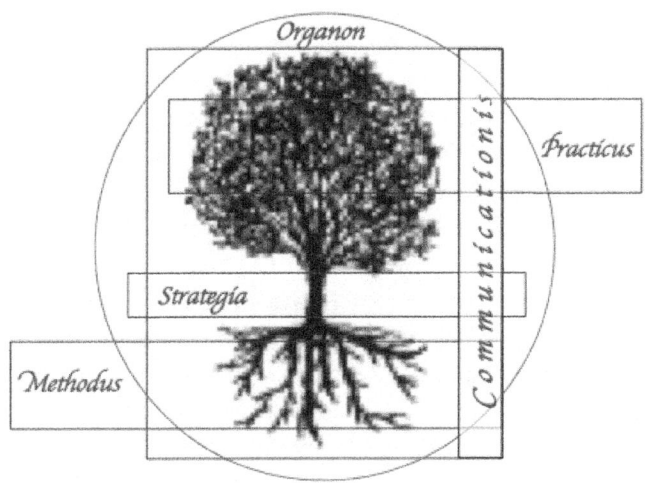

La historia de estas páginas comienza unos años antes, pero será suficiente tomar desde una mañana de septiembre de 1994. Dos muchachos de corbata están parados bajo el sol, en la puerta de un *holding* empresario. Uno de ellos lleva el boceto de una revista interna, que les ha tomado varias semanas diseñar y redactar. En unos instantes dejará el sobre en la Dirección de Recursos Humanos y comenzará otro capítulo de la historia. Pero eso sucederá en unos minutos, porque el muchacho aún no ingresa a la empresa. Su compañero ya cruzó la puerta giratoria y está anunciándose en la recepción, en cambio él permanece afuera, bajo el sol, a pesar del calor. Aún no sabe nada –me consta– de modelos de comunicación intrapersonal, sin embargo conversa consigo como si supiera que puede *crear una realidad* con su pensamiento. Guarda algo en su mente. Es una promesa, una semilla, que hace más de cinco años espera tierra fértil. Luego retoma el paso y entra lentamente a la espaciosa recepción, repitiéndose: *plantaré un árbol, lo regaré y lo cuidaré para que alguna vez dé sombra y sirva de reparo a otros*. A esa hora el sol está alto en Paseo Colón, esa avenida de Buenos Aires llena de frondosos árboles centenarios. Pero justo ahí, en la entrada de Molinos Río de la Plata, no hay arboleda. No hay sombra.

Siento que recién acabo de dejar aquel boceto en la oficina del desconocido director de Recursos Humanos. Me da la impresión de que hace solo unos instantes lo apoyé sobre el escritorio de quien ahora es el inolvidable Salvador Ventriglia. También parece que fue ayer cuando comencé la primera carrera, allá por el año 1983, en la Universidad de Morón. ¿Son episodios simultáneos la conferencia sobre *Felicidad en el trabajo*, que recientemente presenté en el TEC de Monterrey, y el primer examen de *Psicología General* que di frente al profesor Masgoret? ¿Pueden estar sucediendo al mismo tiempo las frías noches a la salida de la *facu*, esperando el bus 303 que me lleve a casa, y el taller de comunicación interna que di hace apenas unas horas en Inglaterra? ¿Puedo estar ahora en el Fiat 128 sentado al lado de mi padre escuchando que me dice *hijo, quiero que vayas a la facultad y estudies como yo no pude hacerlo*, y al mismo tiempo estar en una clase en la Universidad Complutense y que las personas sentadas en las sillas me digan *profesor*? Tal vez este tipo de paradojas temporales, con imágenes y emociones superpuestas, sean propias de un prólogo, donde el pasado debe resumirse en un presente de escasos renglones para anunciar las páginas por venir.

Si acaso el lector –apasionado, interesado o quizás preocupado por la comunicación en su trabajo– anda buscando una sombra donde detenerse a reflexionar sobre el aporte de la comunicación al mundo laboral, aquí van estas páginas. Son las hojas de un árbol soñado, sembrado y cuidado durante muchos años. Fue regado por prácticas de mercado, sostenido por estrategias integradas y apuntalado por metodología específica de comunicación interna. En su contenido intento sintetizar la experiencia de esos años, ilustrándola con casos que obtuvieron buenos resultados en las organizaciones en las que estas prácticas se aplicaron. También busco reparar en las estrategias que usaron esas organizaciones y en las tendencias que muestra el mercado para los próximos años. La energía del libro, en definitiva, está mayormente dedicada a compartir prácticas antes que a profundizar en teorías. Pero más allá de esta orientación a la gestión, resultaría injusto olvidar que debajo de cada hoja yace una parte muy importante del árbol.

La raíz oculta bajo la tierra es el *Sistema de Comunicación 1A*, una trilogía metodológica que tomó diez años de desarrollo inicial y que lleva casi dos décadas alimentándose en prácticas de comunicación interna. Comenzó a forjarse aquella tarde soleada de 1994, cuando aún era semilla, y mostró sus primeros frutos en WACRA[1], una mañana de junio de 2004. Hoy, basada en casos que gestionan consultores entrenados en sus modelos, esa raíz es un sistema integrado de gestión. Año a año se retroalimenta en prácticas de diferentes mercados con aportes de distintos profesionales entrenados en sus modelos. Aunque no se vea, esa raíz también nutre las prácticas con su saber, con su savia, esa sustancia vital cuya denominación suena tan parecida a la de otro alimento, más elevado aún, llamado sabiduría.

El clima en el que creció el árbol fue variado, los casos se gestionaron en diversos contextos: en momentos estables, de crisis o de crecimiento, con economías en equilibrio y desequilibrio, con problemas políticos y cambios sociales. Incluso algunas de las estrategias fueron un antes y un después de catástrofes naturales, como veremos en *el caso del*

---

1. WACRA: World Association for Case Method Research and Application, www.wacra.org.

terremoto. Las organizaciones en la que se generaron estas prácticas son en su mayoría transnacionales, medianas o grandes, según la cantidad de empleados, pero también hay ejemplos de pequeñas compañías, donde la gestión de la comunicación estaba en manos de los directivos o de los propios dueños de la empresa. Una parte importante de los casos son de países de Hispanoamérica, pero también hay referencia a prácticas y ejemplos de los Estados Unidos, Inglaterra, España y Brasil, en los que tuve oportunidad de participar.

Dice el tango que *veinte años no es nada*, y como muchas frases que en la juventud suelen parecer una exageración, ese breve verso solo necesitó veinte primaveras para que tenga sentido para mí. En verdad, dos décadas pasan volando, pero me alcanzaron para comprender que las palabras coherentes, como los árboles, también necesitan tiempo. Son como semillas que inicialmente germinan en la mente, luego toman fuerza en el corazón y poco a poco echan raíces en el cuerpo. Es un proceso temporal que permite *pensar, sentir* y *hacer* de manera alineada y expresarse en un *decir* congruente. Acaso por eso estas hojas necesitaron veinte años para dar algo de sombra. Tal vez buscaban lograr una expresión que tuviera la mayor coherencia posible. Ignoro si lo han logrado. Pero confío en que el lector sabrá tomar lo mejor de ellas y convertir su *savia* en *sabiduría*.

Londres, agosto de 2012

I
LA NECESIDAD

PROBLEMAS Y SOLUCIONES FRECUENTES

> Dime y lo olvido, enséñame y lo recuerdo,
> involúcrame y lo aprendo.
> Benjamin Franklin
> (1706-1790)

*Las organizaciones no necesitan
que sus integrantes memoricen mensajes.
¿De qué serviría que todos puedan repetir información al pie de la letra si, al fin de cuentas, no la sienten propia ni los moviliza a la acción?*

*Las organizaciones necesitan intercambios comunicativos
que minimicen la contradicción dentro del trabajo
y maximicen la coherencia.*

*Coherencia institucional, a partir de la comunicación directiva.
Coherencia interpersonal, a partir de los jefes de equipo.
Coherencia individual, a partir de cada colaborador.*

*La máxima coherencia de una organización
se logra cuando la institución, los equipos y las personas
logran un decir congruente con lo que piensan, sienten y hacen.*

Una comunicación impecable

Tarea humanamente imposible

¿Es válido aspirar profesionalmente a lograr una comunicación interna impecable? El diccionario de la Real Academia Española define el vocablo *impecable* como *exento de tacha, incapaz de pecar*. Al leer esta definición, la pregunta obtiene una pronta respuesta. El adjetivo, en su significado estricto, demuestra que es un objetivo humanamente imposible de alcanzar. A pesar de ello, si de todas formas alguna organización humana se propusiera gozar de una comunicación interna "impecable", es decir, de una calidad comunicativa *sin tacha*, decisivamente efectiva, creciente en cada diálogo, productora de una verdad plural compartida y sustentable a través de los años y las décadas, quizás debiera imaginar un Departamento de Comunicación Interna compuesto por tantos comunicadores como integrantes tenga esa organización. Aunque la lógica más cuidada sugiera la imposibilidad de este cometido, debo confesar (aunque una parte de mí mismo no se anime a decirlo) que la metáfora de un Departamento de Comunicación integrado por todos los colaboradores de una empresa, resume lo que ha sido mi sueño profesional por más de veinte años. Un lugar de trabajo donde todos asumimos una responsabilidad comunicativa individual, única e irremplazable, y que al llevarla a cabo, acaso a regañadientes, solo creyendo que será lo mejor para los demás, para nuestros compañeros, equipos, jefes o la empresa, descubrimos a fin de cuentas que, en realidad, hemos logrado hacer lo mejor que podríamos habernos hecho a nosotros mismos.

¿Cómo podría alcanzarse algo humanamente imposible en una materia tan humana como es la comunicación, sobre todo en el ámbito laboral, donde son tan complejas las relaciones? Aún no lo sé, y probablemente nunca lo sepa. Pero lo que sí sé, y la experiencia me lo corrobora día a día, es que en esta ciencia social, *blanda* y no exacta, cada intento, cada error e incluso cada retroceso siempre es una manera de avanzar. Aun cuando mi propia voz de especialista a menudo me insiste al oído que se trata de una batalla perdida, hago el esfuerzo por recordarme que las batallas ganadas *ya están ganadas* y elijo seguir imaginando ese escenario para esta querida disciplina. No puedo, no quiero, figurarme otra forma de lograr el entendimiento humano en el trabajo. En mis años de universidad, cuando empezaba a imaginar este horizonte profesional, escuché en la radio una frase que había dicho Martin Luther King: "Aunque mañana se acabe el mundo, igual hoy plantaría mi manzano". Varios años de trabajo en esta especialidad, en los que cometí muchos errores, "tachas y pecados", han intentado disuadirme. Pero unos pocos logros –pocos, pero contundentes– me siguen convenciendo a diario de que es bueno seguir plantando esa semilla.

Comunicación interna

Un crecimiento vertiginoso

Algunas veces, los amigos que más nos quieren son los que nos dicen eso, justo eso, que no queremos escuchar. En ocasiones, puede ser también nuestra pareja, esa persona que nos acompaña día tras día, quien nos lo dice. Sea quien fuere, un día o una noche, tomando un café cerca de la oficina o cenando en casa, nos hacen una sugerencia o una pregunta difícil de escuchar. Sabemos que nos quieren, y solo por ello reflexionamos sobre lo que nos dicen. No faltará quien afirme que alguien que no nos tenga aprecio también podría manifestarnos lo mismo, y es posible que sea cierto; pero difícilmente lo escuchemos como sí haremos con un amigo o la propia pareja. Incluso cuando el desconocido logre alcanzar esa fría objetividad –que suele serle más esquiva a nuestros seres queridos– nos sucedería lo que tantas veces pasa en comunicación interna: las palabras sin corazón son más difíciles de aceptar. Lo cierto es que, con empatía o sin esta, no siempre se dan las condiciones justas para que nos digan (y escuchemos) la *verdad*.

El fuerte desarrollo que tuvo la comunicación interna en los últimos años está expresado claramente en la mayoría de las tendencias del mercado y día a día se comprueba en el creciente interés que despierta en muchos ámbitos. Ya no solo profesionales de la comunicación, sino también empresarios, docentes, funcionarios, directivos, jefes de equipo, dirigentes gremiales y trabajadores en general se interesan –como nunca antes– por la influencia que genera esta materia en el trabajo humano. La tendencia, que comenzó a manifestarse a fines del siglo pasado, fue creciendo conforme avanzaba el nuevo milenio. En la actualidad, numerosos sondeos y consultas realizadas en distintos mercados demuestran que el crecimiento no se detiene.

La comunicación interna es la disciplina a la que le dediqué mi vida profesional. A pesar de que hace unas pocas décadas las organizaciones apenas se interesaban por ella y en comparación con otras ramas de la comunicación organizacional había pocas oportunidades de trabajo, a mí me cautivó enseguida. Siempre creí que llegaría el día en que sería una especialidad reconocida y prestigiosa, con un lugar protagónico dentro de las organizaciones. Algunos compañeros de la universidad saben que siempre esperé con ansias ese día. Cuando a principios del nuevo milenio las estadísticas empezaron a mostrar un crecimiento sostenido en todas las tendencias sobre comunicación interna, sentí que había llegado el momento. Pero un tiempo después fue mi esposa, durante una cena, la que me hizo reflexionar. Bastó una sola pregunta para acercarme a la verdad: *La comunicación interna, ¿está creciendo como "disciplina" o como "problema"?*

La conversación duró solo un rato y defendí como pude mi profesión. Pero a partir de la mañana siguiente fui yo el que me pregunté. El progresivo interés que demuestran las investigaciones en general y las organizaciones en particular, ¿surge de las grandes ventajas que puede brindar esta disciplina en términos de coordinación, sinergia y productividad, o proviene de los grandes conflictos generados por su ineficiencia, deficiencia o insuficiencia? Para responderme con justicia me aseguré de contemplar ambas alternativas. A los profesionales especializados en esta materia nos resulta indudable que la comunicación interna es una disciplina con gran desarrollo, potente y singular, que permite dar soluciones de fondo a las problemáticas más complejas de comunicación en el trabajo. Pero debía considerar también que la mayoría de las organizaciones estaba refiriéndose a la comunicación interna como si fuera un gran problema antes que una gran disciplina. En cualquier caso, cavilé, esta mala noticia podía ser también una buena oportunidad. Quizás había llegado el momento de acercar premisas, ejemplos y casos que estaban generando soluciones efectivas, integrales y sustentables en muchas organizaciones.

Al repasar los estudios realizados en distintos países, la posibilidad de que la comunicación interna estuviera siendo concebida más como *un problema* que como *una disciplina* dejó de ser solo una *posibilidad*. Las investigaciones provenientes de Europa, Estados Unidos, Canadá, Australia y Latinoamérica me esclarecieron toda duda. Con solo releer los títulos que anticipaban los resultados podía verse una realidad muy fuerte: "La comunicación interna falla la prueba", "¿Existe la comunicación interna en las organizaciones?", "Las empresas no desarrollan su comunicación interna", "¿Es la medición bien evaluada?", "La comunicación interna es el elemento estratégico descuidado", "La empresa no se beneficia de su comunicación interna", "La mayoría de las compañías carece de comunicación interna", "No existen acciones específicas o están muy limitadas", "Es una enfermedad que padece la empresa", etcétera[2].

Al ir más allá de los títulos pude comprobar la permanente escalada de problemas que anunciaban la mayoría de los resultados. Comprobé que ya desde fines del siglo pasado los más altos directivos de empresas calificaban a la comunicación interna como "un obstáculo".[3] Recordé que al iniciar el nuevo milenio decenas de miles de trabajadores encuestados tenían "una actitud negativa hacia la comunicación interna".[4] Observé que, conforme habían avanzado los años, las consultas dentro de las organizaciones habían ido refiriéndose a la comunicación interna de manera cada vez más crítica. Volví a leer un estudio realizado en 2010, donde más de un millar de trabajadores, profesionales y directivos de casi treinta países, señalaban a la comunicación interna como la principal "toxina" de la empresa.[5]

---

2. En el último capítulo se profundiza en los resultados de estos y otros estudios realizados en distintos países.
3. "Corporate culture defined differently outside the us", Proudfoot Consulting, en www.findarticles.com.
4. Barranco Saiz, Francisco Javier, *Marketing interno y gestión de recursos humanos*, Pirámide, 2000.
5. "Las 10 toxinas empresariales", Centro de Estudios Financieros de Madrid, 2010. www.cef.es.

Las noticias sobre esta materia, que aún llegan por medios de prensa o publicaciones especializadas, siguen anunciando *problemas sin resolver* antes que *soluciones decisivas*. Ante estas pruebas debí admitir que mi profesión estaba ganando algunos "apodos" nada agradables y que acaso esa situación me había llevado a evadir lo que solo pude escuchar de mi esposa, durante aquella cena. El estudio que hablaba de una "toxina" era tal vez el más difícil de aceptar. La calificación de *problema* proveniente de los estudios más viejos quizás era tolerable. Pero que avanzada la segunda década del nuevo milenio, la vocación de tantos años fuera nominada como una *enfermedad* que envenenaba el trabajo humano, era algo más difícil de admitir.

Los profesionales de comunicación interna sabemos que esta disciplina es vital para toda organización laboral, con fines de lucro o sin estos, gubernamentales o no, prestadoras de servicios o generadoras de productos. Es por eso que, incluso considerando todas las estadísticas y la dureza con que muchas de ellas califican a la comunicación interna, estoy convencido de que esta disciplina está en un muy buen momento. Ya en 2009 me consultaban en Madrid por la comunicación interna como "problema" y respondía persuadido de que esa tendencia era, en realidad, una "buena noticia"[6]. Cuando un problema crece tanto en la organización como sucede en este caso, los directivos empiezan a prestarle más atención. Y la experiencia demuestra que cuando los líderes encuentran soluciones en comunicación, nunca las olvidan. En mi trabajo de gestión compruebo a diario cómo muchos directivos se comprometen cada vez más con los modelos integrados de comunicación interna, a través de los cuales también buscan mejorar ellos mismos como comunicadores. Pero esta percepción no es

---

6. Tessi, Manuel, "La comunicación interna como problema", Reportaje en video del Ágora de la Comunicación realizado por VNews, España, 2009, www.comunicacion1A.com.

solo personal. Un importante número de prácticas que realizan infinidad de colegas en todo el mundo están generando muy buenas noticias acerca de la disciplina, que son tan merecedoras de difusión como las problemáticas.

Difusión disciplinaria

La comunicación externa de la comunicación interna

Se dice que en materia de comunicación existen "palabras mágicas" que acercan, mejoran y hacen crecer las relaciones. "Gracias", "por favor" y "disculpa" son algunas de las más conocidas, pero también hay otras expresiones muy potentes que pueden sumarse a la lista. "Me equivoqué" o "tienes razón", aunque difíciles de decir, son frases muy constructivas. Un tiempo después de aquella cena, le transmití a mi esposa dos de ellas: "gracias" y "tienes razón". Era evidente que la comunicación interna estaba creciendo como problema. Después de un respetuoso silencio de su parte, agregué que tomaría cartas en el asunto. Le prometí que no me quedaría cruzado de brazos, aunque todavía no sabía que parte de esa promesa terminaría siendo este libro.

Aunque parezca una paradoja, la situación indica que los beneficios de la comunicación interna no se están comunicando. En un juego de palabras podríamos decir que se requiere una *comunicación externa de la comunicación interna*. En tal caso, al proponernos esa difusión es necesario ser muy concretos. Debemos escuchar a los profesionales de esta especialidad, quienes coinciden en que los mensajes por transmitir no deben ser teóricos. Las preocupantes estadísticas en esta materia demuestran que el mundo laboral ya no tolera propuestas discursivas. Muchos colegas de distintas empresas aseguran que esos mensajes tendrían que basarse en ejemplos y prácticas disciplinarias que muestren de manera concreta su aporte. Pero algunos de ellos advierten que no debería tratarse de la mera descripción de casos de estudio. La complejidad de las ciencias sociales no tolera una réplica indiscriminada de las mismas tácticas en diferentes organizaciones. El criterio óptimo para esa difusión es hacer foco en el paso intermedio entre la teoría y la práctica. Esto implica dar a conocer las *premisas de gestión* que, basadas en metodología, permitieron darle éxito a las mejores prácticas. De tal manera, cada organización luego podrá aplicar dichas premisas según su juicio, atendiendo a su contexto, a su cultura y a sus propias circunstancias.

Una forma de empezar a hacer una *comunicación externa de la comunicación interna* podría ser ensayar primero una propuesta breve y simple, como hacía Mora, mi sobrina, cuando tenía cinco años. "¿De qué trabaja tu tío?", le preguntó una amiguita con la que estaba jugando. "De que la gente que trabaja no se pelee", respondió con seguridad y sin quitar la vista de la muñeca que estaba peinando. Ella sacaba esa conclusión sobre mi trabajo de las veces que me había escuchado hablar con sus padres. Los numerosos conflictos personales, las crecientes desinteligencias grupales y las muchas pérdidas económicas que se generan a diario en ámbitos laborales por problemas de comunicación eran resumidos magistralmente en una sola línea. Y como si fuera poco, en la misma frase, Morita sumaba también una alternativa de solución.

A veces una gran disciplina, para convertirse en "una gran disciplina", tiene que resolver primero un gran problema. Según las prácticas más destacadas del mercado, esto ya está sucediendo con la comunicación interna. Es por eso que las instancias de gestión deben formar parte de los mensajes centrales que se van a transmitir en una *comunicación externa de la comunicación interna*. Las condiciones ya están dadas: por un lado hay una fuerte problemática dentro de las organizaciones y por el otro existen ejemplos disciplinarios que le dan respuestas satisfactorias. Desde este punto de vista, no sería un inconveniente que las organizaciones del mundo aún conciban a la comunicación interna como un *problema* o como una *enfermedad* en la medida que también la conozcan y reconozcan como una *disciplina* o un *médico* que hace un aporte proporcional.

La experiencia de campo demuestra que las *mejores prácticas* están muy cerca de los *peores problemas*. Los profesionales a la vanguardia de esta disciplina no reniegan de ellos, sino que los suman para construir. Enfocados en un paradigma integrado de comunicación, toman el *problema*, y en particular sus *causas*, como el sustento de mayor confiabilidad para la planificación. Los escollos y piedras conforman la base donde luego apoyan toda la arquitectura de la estrategia. Es un trabajo duro y silencioso al principio, pero resulta muy efectivo y sustentable después, en las implementaciones de largo plazo. De esta manera y gracias al trabajo aplicado de muchos colegas, el extremo positivo de la comunicación interna, la *disciplina*, se alimenta del polo negativo, aquel que crece como *problema*. En la actualidad, las numerosas necesidades de comunicación laboral son la materia prima del laboratorio que propone soluciones. Y esas soluciones están teniendo tanto peso como las necesidades. Ahora hay que comunicar el equilibrio logrado.

Una llamada inquietante

González, tenemos un problema

Hace poco más de dos décadas la comunicación interna no era considerada un *problema* organizacional; sin embargo, es justo decirlo, tampoco tenía el grado de desarrollo disciplinario que posee en la actualidad. Fue a mediados de los años noventa cuando la situación empezó a cambiar.

Uno de los grandes desafíos que marcó ese quiebre fue la inclusión de nuevos medios de comunicación tecnológicos en el trabajo. El desarrollo de Internet, y en particular del correo electrónico, trajo aparejado cambios vertiginosos en el mundo de las organizaciones. Aparecieron nuevos beneficios comunicacionales, impensados unos años antes, pero al mismo tiempo comenzaron a surgir también nuevos problemas de comunicación interna. Para los profesionales de esta especialidad fue más notable aún, ya que en esos años comenzó a crecer, gracias a Dios, la demanda por nuestro trabajo.

Recuerdo que en 1995, cuando empezaban a suceder estos cambios, se estrenó el filme *Apolo XIII*. El astronauta James Lovell, dentro del Módulo de Comando "Odisea", repetía una frase que se grababa en la memoria de todos: *Houston, we have a problem* [*Houston, tenemos un problema*]. La película recreaba la angustiante situación que vivieron los tripulantes en el espacio y también el equipo de apoyo en Houston y las familias de los astronautas en cada uno de sus hogares. Mientras la NASA había planeado que la nave alunizara para traer muestras de la región del cráter Fra Mauro, una sola llamada provocó un giro completo en la historia, hizo que todo el mundo se olvidara de la Luna y empezara a trabajar sin descanso para que los tripulantes volvieran con vida a la Tierra.

Solo por casualidad, pero exactamente en la misma época de aquel estreno, las empresas comenzaron a aumentar sus pedidos de asesoramiento en comunicación interna. Sería exagerado decir que sus llamadas tenían el tono de preocupación del capitán Lovell, pero sí es cierto que era muy común que los gerentes se expresaran con una frase similar a la que repite el personaje de Tom Hanks en el filme. Al referirse a la comunicación interna a menudo decían *tenemos un problema*. También se produjo otra similitud, aunque más sutil, con la historia del Apolo XIII. Cuando el mundo de las organizaciones solo planeaba que Internet llegara al trabajo para potenciar todas las comunicaciones, al poco tiempo muchas empresas tuvieron que olvidar el sueño y empezar a trabajar duro para que la tecnología no dejara sin vida su comunicación interna.

Al igual que en el filme, creció en las empresas la expresión que primero aludía a un nombre –ya no la ciudad de Houston, sino el apellido de una persona– y, luego de una *coma*, se repetía el resto de la oración. Los directivos empezaban a llamar preocupados al Departamento de Comunicaciones o a su asesor externo diciendo por ejemplo: "González, tenemos un problema". Esta comparación con la película, que por entonces nos hacía bromear a los profesionales de la especialidad, hoy permite recordar que aquel momento crítico hizo también que la disciplina comenzara a tener muchos avances. No pocas veces alcanzó grandes conquistas girando alrededor de esta frase, y la experiencia demuestra que los *problemas* de comunicación interna propiciaron que muchas organizaciones, departamentos especialistas y consultores adquirieran mejores distinciones en esta disciplina.

A esos crecientes problemas de comunicación interna les debo, en lo personal, la generación de tres modelos de gestión, sin los cuales se me hubiera hecho muy difícil abrirme paso en esta profesión. Desde un principio fue inminente para todos los comunicadores interpretar que el problema era una oportunidad. Como el equipo de Houston, ningún profesional tenía tiempo que perder. La frase traía un desafío inesperado y, si queríamos superarlo, debíamos trabajar contra reloj y con mínimo margen de error. Ante este inesperado vértigo profesional, observé cómo varios responsables de las áreas de comunicaciones, casi sin darse cuenta, dejaron de ser los tradicionales redactores de la revista o gestores de las carteleras para pasar a ser asesores de comunicación en casos que tenían importantes implicancias en las principales estrategias de la organización.

Testimonios reales

Es más de uno, señor

Al avanzar en ese proceso de crecientes demandas profesionales fue posible descubrir que el *problema* de comunicación interna al que la mayoría de las organizaciones hacía referencia era, en realidad, mucho más que *uno*. Los casos develaban necesidades muy variadas y se manifestaban con singularidades muy precisas. Ante esta instancia resultó decisivo aprender primero a diferenciar las problemáticas particulares y sus causas precisas para recién luego intentar soluciones específicas que fueran acordes a lo que requería cada situación.

Aun en la actualidad muchas organizaciones se expresan con aquella frase para iniciar una estrategia profesional de comunicación interna. Es un buen punto de partida; sin embargo, al escuchar posteriormente las necesidades que plantean los directivos organizacionales, queda claro que *González* podría responderles: "En realidad, el problema es más de uno, señor". Eso permitiría hallar la solución precisa, justa, a medida; algo que, como veremos más adelante, en general no sucede. Lo cierto es que en comunicación interna, como en tantas disciplinas, diferentes problemáticas requieren distintas intervenciones. Veamos algunos ejemplos de mercado que muestran estas diferencias, aunque todas partan de la misma frase inicial:

> *Tenemos un problema de comunicación interna…*
>
> *…Después de varias reuniones de directorio definimos la visión, la misión y los valores de la empresa. Realizamos una campaña anual para alcanzar a todos los sectores de la compañía. Pero a pesar de los esfuerzos realizados, las comunicaciones no han logrado la alineación que esperábamos. Hoy los trabajadores "conocen" los postulados de la compañía, pero no los "sienten". Algunos de ellos incluso saben de memoria la visión o los valores, pero notamos que no adhieren a ellos con su compromiso y su comportamiento.*

I - NECESIDAD

...Mantener bien informados a los empleados ha sido siempre nuestra premisa. Sin embargo, nos estamos dando cuenta de que esta política no basta para lograr una comunicación efectiva. Los trabajadores se han ido acostumbrando a recibir información pasivamente y hoy casi no participan en las comunicaciones. Con este paradigma será difícil contar con su aporte y que se sumen al programa de Innovación y Creatividad que nos solicita la casa matriz para diferenciarnos en el mercado.

...Este año invertimos en comunicaciones casi el doble de recursos que el año pasado. Produjimos más campañas y creamos una intranet interactiva, que no teníamos. Estas nuevas acciones fueron bien evaluadas por los trabajadores. No obstante, la nueva encuesta de opinión de empleados arrojó que la comunicación interna no mejoró respecto del año anterior y que el estado de la comunicación sigue muy crítico. ¿A qué se refieren, en realidad, los trabajadores cuando hablan de comunicación interna?

...En el Departamento de Comunicaciones no contamos con suficiente apoyo directivo. La efectividad de nuestra gestión también requiere la involucración de la alta gerencia, pero en esta empresa pareciera que la comunicación interna solo es tarea del área de Recursos Humanos. ¿Cómo podríamos generar conciencia de que todos tienen responsabilidad sobre ella y, a la vez, lograr un mejor posicionamiento interno como área?

...Quiero hacer más efectiva la comunicación con mi equipo de trabajo. Tengo a cargo veinte personas y estoy viendo que usamos medios de comunicación que nos traen "problemas de comunicación". Quisiera saber cuándo es mejor mandar un correo, abrir un chat, llamar por teléfono o reunirme personalmente con mis reportes. Resulta clave una estrategia en este sentido ya que tenemos poco tiempo para reunirnos y dialogar.

...Necesitamos indicadores precisos que expliquen dónde y por qué se originan las recurrentes dificultades de comunicación que anuncia la encuesta de clima. Es evidente que la problemática no proviene del Departamento de Comunicaciones, ya que la misma encuesta de clima hace una evaluación muy positiva de nuestro sector. Por eso creemos necesario implementar una métrica específica de comunicación interna, para evaluar las comunicaciones que generan los distintos sectores de la organización.

...Creo que la comunicación entre los gerentes que conformamos el comité directivo es deficiente. Si bien nos reunimos en desayunos de trabajo todos los martes para el seguimiento de objetivos, hay ciertos temas que no conversamos. Tal vez falta confianza entre nosotros para dialogar de *manera más abierta. Temo que con el tiempo terminemos descubriendo que, a fin de cuentas, fuimos mejores "desayunadores" que comunicadores. Debemos incorporar alguna herramienta para evitar que esta situación nos gane y repercuta negativamente en el resto de la compañía.*

…La comunicación entre las áreas es cada vez más distante y en algunos casos conflictiva. Sospechamos que esta situación está produciendo pérdidas ocultas en la cadena de valor, pero no estamos seguros de iniciar acercamientos, abriendo espacios de comunicación horizontal, por temor a que los distintos sectores se enfrenten en discusiones más fuertes y la situación empeore. ¿Qué herramientas podemos utilizar?

…La crisis económica global nos afectó mucho y cuando creíamos haberla superado, nuestra empresa recibió una oferta para ser comprada por una compañía multinacional. Se viene una fusión en un contexto de mucho estrés, que no sabemos si nuestros trabajadores tolerarán. ¿Cuáles son las premisas de una comunicación interna de crisis?

…Ya tenemos nuestro propio canal de televisión interno, con programas como "el noticiero mensual" que conducen rotativamente los propios directores de la empresa. Sin embargo, en los últimos años apenas hemos logrado mitigar los malos emergentes de comunicación que surgen de la encuesta de clima. En la última medición los trabajadores dicen que "no alcanzan a procesar toda la información que reciben". Debemos explorar otros caminos…

…Estamos convencidos de que una de las claves de las comunicaciones dentro de nuestra organización está en los mandos intermedios, pero la mayoría de las estrategias de comunicación interna no los contemplan. Necesitamos una metodología que proponga algo más que una superproducción de medios y mensajes descendentes. Con tanta tecnología nos estamos olvidando de dialogar, escuchar y confrontar ideas. ¿Qué podríamos hacer para que nuestros jefes también sean buenos comunicadores internos?

…Sabemos que el gerente general está conforme con las estrategias de comunicación que venimos realizando. No obstante, este año nos solicitó indicadores para medir el impacto de nuestra gestión en las finanzas de la empresa. Le hemos dicho que la comunicación es una ciencia "blanda", por lo que influye de manera indirecta en los resultados económicos. Pero el director insiste en su propósito. ¿Es posible obtener índices de retorno de inversión en comunicación interna?

Es probable que el lector encuentre familiares algunos de estos ejemplos y que incluso pueda sumar muchos otros que no aparecen en la lista. En verdad, la variedad de necesidades que se presentan en la práctica cotidiana pueden sorprender hasta a los especialistas con más experiencia. Sin embargo, el aporte singular de una disciplina es, precisamente, que no sea indispensable contar con innumerables soluciones a medida para cada caso que se presenta. El crecimiento que tuvo *el otro polo de la comunicación interna* en los últimos veinte años –es decir, su extremo disciplinario– propició el desarrollo de modelos específicos para desempeñarse en esta profesión con rapidez y simpleza a la vez que con altos estándares de efectividad y confiabilidad.

Toda disciplina cuenta con metodologías basadas en teorías probadas y en casos reales, y eso le otorga la propiedad de gestionar cada caso particular con un número acotado de premisas prácticas. En el siguiente capítulo entraremos en ese terreno, profundizando en una síntesis de siete premisas de gestión que toman como referencia modelos teóricos, ejemplos de mercado y testimonios reales. Abordaremos ese cometido sin entrar en detalles metodológicos para respetar la prioridad que se le pretende dar a la práctica en este libro. Premisas y ejemplos estarán por encima de teorías y modelos, aunque en rigor estos últimos siempre estarán tácitamente presentes en los primeros.

Por el momento resulta indispensable tomar contacto con las diversas necesidades del mercado y analizar los principales problemas para llegar a sus verdaderas causas. Esta operación evitará caer luego en las típicas "soluciones" que hoy se multiplican en el mercado y que afectan a tantas organizaciones. Buscar las causas germinales de los problemas actuales de comunicación interna permitirá dimensionar mejor el valor de las premisas del capítulo posterior. Asimismo ayudará también a valorar los casos de estudio que acompañan a esas premisas, que están basados en el trabajo serio de muchos colegas. Al dar a conocer esa labor profesional, la comunicación interna empieza a tener una mejor *comunicación externa*. Deja de ser solo un *problema* y comienza a verse como una oportunidad, una disciplina y una real solución.

Soluciones frecuentes

Fuego contra fuego

Cuando se examinan los problemas frecuentes de comunicación laboral se llega a un punto en que resulta inevitable revisar también las soluciones frecuentes. No sería pretencioso pedirle a esas soluciones, si así son llamadas, que disuelvan los problemas. Pero al aplicar esta lógica a las experiencias más recurrentes del mercado, la situación muestra muchos quiebres, paradojas y resultados indeseables. Por ejemplo, si la organización ensaya una solución y no logra paliar el problema, y al año siguiente insiste con la misma aplicación y la problemática además crece, es lógico afirmar que las "soluciones frecuentes" en verdad no son tales (por eso las señalo entre comillas). Al analizar el impacto de las prácticas tradicionales en las organizaciones de distintos países y culturas es posible empezar a comprender por qué en los últimos veinte años las "soluciones frecuentes" no han logrado revertir la crítica situación que hoy anuncian las estadísticas.

Si un problema es visto de manera simplista y superficial, la solución que se elegirá probablemente también sea "simplista y superficial". Al hablar insistentemente de un *único y mismo problema* de comunicación interna, las organizaciones caen en un peligroso reduccionismo que termina en la búsqueda de una *única y misma solución*. Al observar en detalle el accionar de las "soluciones frecuentes" no quedan dudas de que forman parte del problema. Cuando aparecen las primeras problemáticas de comunicación interna, muchas organizaciones responden reactivamente con la misma batería de tácticas trilladas –solo remozadas en la superficie– que desde hace varios años demuestran escasa efectividad.

Una métrica de comunicación permitiría revertir la situación rápidamente, pero las tendencias también advierten que las herramientas de escucha integrada en comunicación interna son escasamente aplicadas por la mayoría de las organizaciones modernas. Al no invertir en mediciones específicas, ninguna institución puede evaluar el impacto real de las múltiples comunicaciones que se realizan diariamente dentro de la empresa. De esta manera, las prácticas tradicionales que aparecen como "soluciones frecuentes" terminan provocando problemas mayores a los que se enfrentaban originalmente. La experiencia demuestra que las organizaciones no aplican modelos de escucha con los empleados antes de planificar sus comunicaciones, acaso porque se apuran para ofrecer soluciones. La preocupante situación requiere velocidad, es cierto, pero la ansiedad lleva a confundir *rapidez* con *apuro*. Como veremos más adelante, esa confusión inicial hace que luego surjan confusiones más severas en la planificación, tales como creer que las *consecuencias* son *causas* o que las *tácticas* son *estrategias*.

En materia de comunicación humana, el apuro siempre genera una mezcla explosiva. Cuando no se logra entendimiento entre dos personas, repetir insistentemente el mismo recurso o mensaje es como intentar apagar el fuego con más fuego. Al observar las tendencias de las últimas décadas se despejan las dudas de que las "soluciones frecuentes" no son tales. No solo no logran paliar los *problemas* más acuciantes, sino que los alimentan. Esta situación explica en parte por qué las crecientes inversiones que se realizan en esta disciplina, al basar sus esfuerzos en los mismos paradigmas de siempre, promueven que la comunicación interna siga asociada a *malas noticias* y crezca en popularidad como *problema*.

Un mensaje detrás del otro

El señor de los martillos

Los seguidores de la saga de J. R. R. Tolkien sabrán responder con rigor a la pregunta. Mientras tanto, para quienes apenas conocen la obra de este autor, o solo han visto alguna de las películas, el cuestionamiento sigue vigente ¿quién es el señor de los anillos? ¿Frodo o Sauron? Es cierto que la duda es básica, pero es más frecuente de lo que muchos imaginan. Despejarla ayudaría bastante a los neófitos que quieren acercarse a la historia, ya que los dos personajes son muy distintos entre sí. Frodo es un *hobbit* bueno, cuyo nombre significa "sabio". Por su parte Sauron es el enemigo de Frodo; se trata de un personaje oscuro cuyo nombre significa "el horripilante". Es por eso que para los iniciados en esta novela quizás sería interesante saber de entrada si al hablar de *el señor de los anillos*, están haciendo referencia a alguien bueno o malo.

Con las llamadas "soluciones frecuentes" en comunicación interna sucede algo parecido que con la trilogía de Tolkien. Muchas veces las tácticas más vistas en el mercado llevan un nombre que pareciera ser el del "personaje bueno". Sin embargo, a la larga nos enteramos que son "el malo de la película". Algunas de las "soluciones frecuentes" que más daño le hacen a las organizaciones en la actualidad son aquellas que se polarizan en la emisión de mensajes. Ante las crecientes problemáticas de comunicación laboral, cada vez más específicas y particulares, muchas instituciones parecen estar convencidas de que existe una solución insuperable: *producir mayor cantidad de mensajes oficiales*. Para ello suelen invertir casi todos sus recursos de comunicación interna en tácticas y herramientas mediáticas, en su mayoría canales remotos o no presenciales, que tienen la propiedad de llevar cuantiosa información a todos los rincones de la pirámide organizacional.

Con los grandes avances tecnológicos del nuevo milenio, esta situación se potencia y multiplica de manera extraordinaria. En términos de la metáfora de Tolkien, podríamos decir que "las *soluciones frecuentes* se estrenan en simultáneo en todos los cines del mundo". Los tradicionales medios gráficos, que le dieron identidad a la comunicación interna durante muchas décadas, en pocos años fueron desplazados en su primacía por los canales electrónicos. La nueva generación digital está mejor preparada en rapidez y costos que sus predecesores en soporte papel, y permiten propalar un mayor número de emisiones.

Pero las propuestas rebasadas de medios y mensajes oficiales están hiriendo seriamente a las comunicaciones laborales. Hace unas décadas, los costos de impresión de una revista gráfica provocaban que esta polarización en la emisión no durara mucho tiempo. Ante resultados magros, la organización no tardaba en sacar de circulación los medios editoriales y destinar esos recursos a otras instancias comunicacionales, en general más participativas. Hoy, la producción de revistas, boletines y campañas, al ser digital, tiene costos cada vez más bajos gracias a la tecnología. Esta alternativa hace que pueda aumentar exponencialmente la producción de esta categoría de medios, al tiempo que, ante resultados poco efectivos, se demora su cancelación o quite de circulación.

Las prácticas demuestran que un plan de comunicación interna polarizado en la producción de medios y mensajes formales, en detrimento de otras importantes funciones comunicantes de la organización, tales como la escucha, el diálogo, el disenso o el consenso, termina generando un efecto exactamente contrario al buscado. Pero ¿cómo la emisión de mensajes, una función tan "buena" para comunicar, puede convertirse, de repente, en un "personaje malo"? La situación es comparable a la de un trabajador que posee una gran caja de herramientas, pero que en su interior solo contiene martillos. En la metáfora, sería algo así como "el señor de los martillos". Es cierto que este trabajador logrará muy buenos resultados cuando la tarea que le encomienden requiera golpear. Pero al momento de apretar, atornillar o mensurar, por ejemplo, quedará claramente limitado en su labor. Por más que posea los martillos de mayor tecnología para su oficio, si no incorpora otras herramientas, jamás logrará cubrir con éxito diferentes necesidades. Y si insiste con el uso del martillo ante el resto de los desafíos que se le presentan, desde luego terminará destruyendo aquello que quiera componer.

La comunicación interna, ya sea concebida como problema (Sauron) o como disciplina (Frodo), es siempre profunda, amplia y multidimensional. Por ese motivo resulta imposible obtener mejoras sustentables aplicando herramientas fundadas en un solo enfoque o dimensión comunicativa. La emisión de mensajes, aunque importante, es solo una parte de todo el proceso estratégico. Y los medios digitales son solamente una táctica al lado de los muchos medios de comunicación interna que pueden componer una estrategia. Para comprender esta amplitud en su real extensión sin caer en explicaciones teóricas resulta esclarecedor conocer prácticas exitosas, abordando diferentes casos y tomando ejemplos de diversos contextos, industrias y países.

Las premisas que apuntalan el éxito de las prácticas de vanguardia, mantienen la mirada no solo en los problemas y necesidades más acuciantes de comunicación interna, sino también en las "soluciones frecuentes". De esta manera, buscan diferenciarse de las prácticas tradicionales que, desde hace décadas, vienen demostrando que no pueden detener el derrotero que anuncian las estadísticas. La propuesta, entonces, es seguir esas premisas para adentrarse en el amplio mundo de la comunicación interna, avanzando primero de manera deductiva antes que inductiva. De esta forma, todo lector –más o menos neófito en esta disciplina–

podrá entender mejor la trama general de la historia. El objetivo último será que pueda reflexionar sobre los aportes comunicativos que él mismo podría hacer a su lugar de trabajo, sea cual fuere su función o puesto. Empezar analizando el accionar infortunado de *el señor de los martillos,* lo hará valorar en mayor proporción las prácticas que pudieron detener los golpes y le permitirá sumar otros instrumentos a la gran caja de herramientas de aquel trabajador.

El análisis permitirá, por lo demás, recuperar el equilibrio y devolverle la reputación herramental a los *martillos* que, utilizados en su justa medida, cumplen una función necesaria e irremplazable en las comunicaciones de toda organización exitosa. En definitiva, que *el señor de los martillos* sea bueno o malo dependerá de las decisiones que tome. Se dice que Sauron, en sus inicios, era un personaje bueno, un herrero con mucha destreza en el uso del martillo. Pero luego se corrompió y finalmente dejó todo para convertirse en el gran enemigo de Frodo.

La cocina de la comunicación interna

Cuidado con los condimentos

Pocas veces los esfuerzos destinados a la gestión profesional son más malgastados que cuando se polarizan solo en la emisión de mensajes. Así lo revelan, al menos, las métricas de escucha integrada. Uno de los ejemplos más infortunados surge cuando el plan de comunicaciones insiste permanentemente en *contarles a los empleados cómo es la empresa.* Si bien es importante que la organización dé a conocer noticias al respecto –en particular si tiene muchos empleados o gran dispersión geográfica– resulta clave reflexionar en que esta es solo una función de las muchas que tiene la disciplina. Dejar que toda la estrategia sea acaparada por la transmisión de mensajes informativos sobre la empresa es un error frecuente del mercado, porque no contempla las múltiples decodificaciones y recodificaciones de los colaboradores. La comunicación oficial genera así una suerte de *narcisismo organizacional* que, según indicadores integrados, conforma un importante germen de apatía en los trabajadores. Los resultados de estas métricas demuestran que los empleados se saturan pronto de este tipo de crónicas, respondiendo irónicamente en los espacios informales que son *ellos* los que deberían contarles a los directivos *cómo es la empresa*.

Asimismo, en las organizaciones de mayor tamaño, esta situación produce una pérdida de identidad del Departamento de Comunicación Interna, ya que ante esta polarización suele quedar relegado solo a funciones periodísticas e imposibilitado de ascender al rango de *consultor interno de comunicación*[7]. Este achatamiento profesional promueve un indeseado paradigma que, tácitamente, postula que *la comunicación interna de la organización solo es un departamento*. De manera inconsciente, pero muy concreta, las comunicaciones son privadas de su máxima evolución, aquella que solo se alcanza con la responsabilidad compartida de todos los integrantes de la organización. Los colaboradores pierden la posibilidad de convertirse en mejores comunicadores, tanto para adentro como para afuera de la institución, y no pueden acceder a los roles, herramientas y beneficios que esta disciplina ha desarrollado en los últimos diez años para cada uno de ellos.

A pesar de lo dicho, la producción compulsiva de noticias no es el ejemplo más ingrato de polarización en la emisión. Las métricas develan que la organización cae en una desventura mayor cuando la información compulsiva, además, está sobrecargada de elementos persuasivos. Muchas veces, cuan-

---

7. Tessi, Manuel, "Consultor interno de comunicación", Quinto peldaño en la *escalera* que promueve una gestión metodológica de la comunicación interna, www.comunicacion1A.com.

do la organización percibe que su información "aburre", en vez de equilibrarla con escucha o diálogo, solo busca hacerla más "divertida". En esos casos, suma la persuasión en dosis poco recomendables. Así como las mejores prácticas advierten que la emisión de mensajes debe ser solo una parte de la estrategia, también señalan que los mensajes persuasivos deben ser solamente *una parte de esa parte*. Intentar estrategias unilaterales, del tipo *el señor de los martillos*, y que además el *golpeteo* sea solo para *convencer a los empleados de lo buena que es la empresa*, es una alternativa que, según los indicadores integrados, genera consecuencias indeseables.

Para *dar en el clavo* en comunicación interna es necesario lograr impacto, pero dicho impacto requiere, a su vez, una medida cuidada de persuasión. Desde un punto de vista metodológico, la comunicación interna debe arribar a un equilibrio persuasivo muy preciso al momento de la codificación de mensajes. Dicho equilibrio surge de una *receta* propia de esta especialidad, con *secretos de cocina* que surgieron de prácticas destacadas, pensadas específicamente para el tipo particular de *comensales que se sientan a su mesa*. A lo largo de estas páginas veremos que los trabajadores requieren una forma muy particular de comunicación por los códigos que provoca el contexto laboral, el cual tiene reglas únicas y diferenciales a otros entornos sociales. Es por eso que rara vez las tácticas de otras ramas de la comunicación pueden extrapolarse de manera directa a la estrategia de comunicación interna y lograr el mismo éxito que alcanzaron originalmente. La diferencia vital es que aquellas acciones fueron pensadas para otro tipo de audiencias, que reciben los mensajes en otros contextos y tienen otros códigos de comunicación.

La comunicación interna no tolera los mismos porcentajes de persuasión en sus mensajes que las estrategias de comunicación externa. Esta advertencia, a pesar de hacerle sentido a la mayoría de las organizaciones, aún no llega con convicción a las prácticas que implementan. En muchos casos todavía se persiste en comunicaciones laborales inspiradas en acciones demasiado parecidas a las que se hacen en prensa o publicidad. Pero los mismos elementos persuasivos que son muy efectivos en campañas publicitarias, suelen generar efectos contrarios cuando se los aplica en comunicación interna. Las audiencias externas aceptan, e incluso esperan, que un aviso en vía pública o un comercial en TV sea divertido, seductor y persuasivo. Pero los indicadores integrados demuestran claramente que las audiencias internas son más reticentes en este sentido y esperan menos avisos, menos persuasión y mucha más participación e involucración.

Numerosas métricas que implementan anualmente los profesionales más avanzados en esta materia demuestran que la comunicación interna polarizada en la emisión, insistente con la información y recurrente con la persuasión, lleva a que los empleados pierdan la confianza. El primer síntoma de desconfianza aparece cuando perciben incoherencia entre lo que la empresa *dice* y lo que realmente *es*. Luego, no es improbable que en las encuestas califiquen de *incongruentes* los mensajes oficiales y culpen a la organización de *doble estándar*. Finalmente, si no hay cambios, el desengaño puede llevarlos a la apatía o a la indiferencia ante los objetivos que les plantea la empresa. Hace unos años profundicé sobre este tema en algunos artículos. Uno de ellos advertía que en la *cocina* de la comunicación interna la persuasión no es el *plato principal*, sino el *condimento*. Y si bien ese aderezo puede darle *un gusto muy rico* a las estrategias, también es cierto que cuando se exagera su uso, los mensajes se hacen *mucho más difíciles de tragar*[8].

¿Cómo puede calcularse una medida justa de emisión de mensajes en comunicación interna, con el equilibrio preciso de información y persuasión que requiere cada uno de ellos?

---

8. Tessi, Manuel, "Una receta simple para la comunicación interna", 2009, www.comunicacion1A.com.

La respuesta más inmediata la dan las prácticas exitosas. Ellas recomiendan invertir recursos en otro tipo de acciones, aquellas que la compulsión a la emisión ignora o relega desde hace unos cuantos años. En vez de orientar todos los esfuerzos a generar mejores medios para propalar más mensajes descendentes, estas organizaciones equilibran la planificación generando procesos integrados de comunicación. Le dan prioridad a las acciones que tienen relación con espacios de escucha, apertura al disenso y la queja, procesos metodológicos de empatía, incorporación de herramientas de comunicación para los roles de conducción, implementación de métricas específicas de comunicación interna, apertura del Departamento de Comunicaciones hacia roles consultivos con la alta gerencia y otras tantas acciones que, a pesar de no ser parte de la emisión, resultan "mensajes" mucho más convincentes para los trabajadores que los repetitivos comunicados oficiales.

Una gestión sin correo electrónico

¿El pasado o el futuro?

De todos los medios tecnológicos de comunicación utilizados en el trabajo, el peor evaluado por la mayoría de los trabajadores es el correo electrónico. A pesar de la opinión generalizada, es probable que ante la pregunta que propone este título haya dos tipos de respuestas. La primera acaso afirmará que *la gestión de comunicación interna sin correo electrónico* es algo que sucedía hace varias décadas, *en el pasado*. La segunda, por el contrario, probablemente asegurará que la eliminación de ese tipo de tecnología es una práctica inminente *en el futuro*. La diferencia en las respuestas eventualmente dependerá de la edad de cada lector. Los más jóvenes no imaginarán prácticas de comunicación interna para los próximos años basadas en el *e-mail*. Pero los que no somos tan jóvenes, probablemente optaremos por la primera respuesta, al sostener que es una práctica que no existía hace varios años, durante nuestros inicios profesionales.

Más allá de las respuestas, válidas ambas, lo importante en este punto es reparar en la pregunta. Ese solo ejercicio permite reflexionar sobre los veloces cambios que sucedieron, suceden y seguirán sucediendo en las comunicaciones laborales, todos ellos en tan solo un puñado de años. Luego de esta reflexión, un análisis veloz tal vez nos llevaría a afirmar que para enfrentar estos cambios con efectividad debemos aprender algo nuevo. Capacitarnos profesionalmente para implementar una nueva forma de comunicarnos en el trabajo. Sin embargo, si no dejamos que el *apuro* nos gane –con su siempre tentador disfraz de *rapidez*– quizás podremos comprender que la capacitación a la que debemos enfrentarnos es de otra índole. Tal vez lo que debamos aprender, tanto los de edad madura como los nuevos talentos, los expertos como los neófitos, los profesores como los estudiantes, los directivos experimentados como los jóvenes profesionales, no sea algo más nuevo, sino, por el contrario, algo más "viejo".

Una de las sensaciones más gratas que puede sentir un joven profesional al terminar sus estudios, es ver en la práctica que el esfuerzo teórico realizado hasta ese momento puede servir para resolver un gran problema. En 1987, un año después de egresar de la universidad, comencé a trabajar profesionalmente en comunicación interna. El vasto universo de las comunicaciones en el trabajo me atrajo de inmediato y quedé cautivado por esta especialidad, como quien se enamora a primera vista. Desde el inicio podía vislumbrar que la oportunidad de aporte para un joven profesional en esta materia era, literalmente, infinita. En aquella época, no tan lejana por cierto, los muchos conocimientos recibidos en la universidad y una mera máquina de escribir bastaban para sentir que todo era posible y que a través de las prácticas podrían hacerse innumerables aportes a esta disciplina.

En los años siguientes, los vertiginosos adelantos tecnológicos que impactaron de pleno en las comunicaciones laborales hicieron que mis convicciones perdieran, por momentos, vigor y claridad. Una pregunta molesta, irracional, pero muy insistente rondaba en mi mente: ¿el extraordinario avance de los medios electrónicos había logrado que, finalmente, el aporte humano en materia de comunicaciones internas no fuera tan necesario? En medio de la confusión profesional que generaban estos presurosos cambios, las mejores prácticas de la disciplina empezaron a mostrar que no era así. En realidad, era ínfimo lo que estaba cambiando. Pasadas las primeras tormentas de redes digitales, fue posible comprobar que los casos de éxito, para llegar a ser tales, habían mantenido intacta la esencia de la comunicación humana en el trabajo. Los "viejos" conocimientos no solo estaban soportando el vendaval, sino que eran la principal causa de que la disciplina siguiera en pie. Sus cimientos eran los que estaban brindando soluciones decisivas, a pesar de los fuertes cambios que implicaban las nuevas redes digitales de comunicación. Aquello que me habían enseñado mis profesores seguía vigente, e incluso se había fortalecido con la gran prueba que significó el advenimiento de la tecnología en las relaciones laborales. Difundir el aporte de esos conocimientos ahora era, además de una necesidad, una forma de agradecimiento a aquellos "viejos" conocimientos.

El hombre y la máquina

En ese orden

Quienes tenemos la tendencia a responder que *la gestión sin correo electrónico es algo del pasado*, recordamos claramente que hace un par de décadas los espacios laborales contaban con mínima tecnología para sus comunicaciones internas.

Pero a pesar de que entonces los canales eran más esenciales y rudimentarios, la comunicación era mejor ponderada por todos los trabajadores y los problemas de comunicación eran prácticamente inexistentes en relación con los actuales. Sin embargo, responsabilizar a la tecnología de las problemáticas crecientes en esta materia no es un argumento de peso. Si se quieren hallar soluciones decisivas, antes resulta necesario profundizar en las causas reales, incluso cuando la mayoría de los integrantes de la organización –ahora sí todos juntos, jóvenes y no tan jóvenes– señalen a este tipo de canales como el principal propiciador de incomunicación laboral.

Si contamos desde el nacimiento del trabajo organizado, veremos que las comunicaciones en el trabajo se desarrollaron a partir de interacciones cara a cara, con una comunicación interna primordialmente presencial, que luego se consolidaba y transmitía a través de comunicaciones escritas. El escalonamiento esencial en la gestión de la comunicación laboral se daba en ese orden: intercambios presenciales primero, coordinación de conductas colectivas después, y finalmente información escrita para documentar los procesos más efectivos y confiables. Por otra parte, si solo se contara desde los inicios de la Revolución Industrial, veríamos que los medios de comunicación tecnológicos todavía no llegan a protagonizar siquiera una décima parte de la historia de las comunicaciones en el trabajo. Por esta razón, aún se hace difícil, cuando no apresurado, realizar un juicio definitivo sobre la intervención de los canales tecnológicos en la comunicación laboral. Lo que sí puede afirmarse con total responsabilidad es que, si los intercambios interpersonales son deficientes (escucha magra, mensajes meramente informativos, emisión unilateral permanente y compulsiva, exageración en el uso de elementos persuasivos, minimización del diálogo y la participación) no habrá medio tecnológico, por bueno que fuere, que pueda superar esas deficiencias.

En 2004 tuve oportunidad de profundizar en estos conceptos al participar en la IV Cumbre de *Ciudades Digitales* en Río de Janeiro. Gobiernos de diferentes alcaldías, ayuntamientos y municipios del mundo se congregaron en Brasil para debatir sobre el uso de Internet como canal de comunicación con los ciudadanos. La invitación que recibí fue para presentar modelos de comunicación interna aplicables a estrategias del llamado *e-government*. Varios representantes gubernamentales coincidían en que, desde cierto punto de vista, la ciudadanía era una audiencia interna, puesto que los habitantes a los que se dirigían cotidianamente conformaban una misma organización: el Estado.

Concentré la presentación en la planificación estratégica antes que en el plan táctico, entendiendo que esta potenciaría favorablemente las implementaciones de tecnologías de la información y comunicación (TIC). En la ronda de preguntas un asistente resumió este concepto de manera simple y profunda, cuando dijo que el uso de mejores *máquinas* nos desafía a ser mejores *personas*. En aquella distinción podía entreverse una antigua sabiduría, propia de los mejores educadores de Occidente –desde Sócrates hasta la fecha– que siempre han propuesto centrar las comunicaciones humanas en la escucha, el entendimiento y el diálogo. El maravilloso desafío que trae el nuevo milenio con su cantidad y calidad de medios tecnológicos es una gran oportunidad de engrandecer nuestra habilidad y calidad como comunicadores.

El extraordinario avance en materia de canales remotos para comunicarnos no implica que, gracias a sus ventajas, los profesionales de comunicación y directivos organizacionales ahora tengamos menos responsabilidades. La situación exige exactamente lo contrario. El crecimiento de las tecnologías de la información nos desafían a crecer como comunicadores. Esto quiere decir que mejores tácticas siempre van a requerir mejores estrategias. En este sentido, durante el encuentro en Brasil afirmé que el éxito de las llamadas *ciudades digitales* siempre dependería de las capacidades de comunicación –humanas y profesionales– de sus gobernantes.

La habilidad de un comunicador, en este caso con roles gubernamentales, se refleja de inmediato en la calidad del planeamiento estratégico que realiza, proceso siempre previo a la elección y definición de los canales para comunicarse con la ciudadanía. En el cierre de aquella intervención puntualicé que todas las tácticas, incluso las que incluyen los más avanzados medios tecnológicos, siempre se comportan como *amplificadoras* de la estrategia. Esto quiere decir que si la estrategia de comunicación de un gobierno es buena, Internet ayudará a multiplicar su efecto positivo en la población. Pero si es mala, también multiplicará exponencialmente su secuela negativa.

Trabajo móvil

La oficina a la distancia de un brazo

Justamente por su propiedad *amplificadora*, las nuevas tecnologías son una gran alternativa de difusión para los mensajes definidos en la estrategia de comunicación interna. Pero a la vez su poderoso atractivo puede hacer que la organización caiga en la tentación de saltar la planificación estratégica (la cual siempre implica mucho más que la mera acción de emitir). De todas maneras, es necesario ser justos con las organizaciones del nuevo milenio, ya que están ante un estímulo que las instituciones, dirigentes y comunicadores del pasado no vivieron con este nivel de intensidad. Los poderosos avances en los medios de comunicación digital siguen maximizando rapidez y calidad a la vez que continúan minimizando tiempos y costos. Esta situación permite entender –aunque no justificar– la gran tentación de concebir la comunicación interna como una mera función *emisora* o *propaladora*.

A fines del siglo pasado, las encuestas de empleados dieron las primeras advertencias sobre esta tentación. Luego, en los primeros años del nuevo milenio, numerosos organismos y asociaciones tomaron estas crecientes estadísticas buscando nuevas respuestas. Algunos de ellos propusieron un debate para responderse si era lo mismo para los integrantes de la organización estar *conectados* que *comunicados*[9]. Con la globalización de la economía estas tendencias se replicaron en todo el mundo. En el mismo período, estudios en países como los Estados Unidos, Inglaterra y Australia –que analizaremos en profundidad en la última parte del libro– mostraban una preocupación similar. Ya en 2010 llegó aquella estadística proveniente de casi treinta países de habla hispana, que denominaba a la comunicación interna como "la principal 'toxina' laboral de las empresas"[10].

Recordemos que al inicio de este milenio el correo electrónico y el teléfono celular se unificaron y se potenciaron, convirtiéndose en una sola pieza: la oficina móvil. En un proceso que tomó muy pocos años, el trabajo de muchas personas dio un giro veloz y llegó a concentrarse en minúsculos aparatos. El escritorio, el jefe y hasta los compañeros de trabajo estaban siempre a mano, incluso fuera del horario laboral, y *cabían* fácilmente en un bolsillo o en una cartera. En 2006, pude comprender mejor el impacto de este fenómeno, cuando me invitaron a disertar en los Estados Unidos sobre metodología de comunicación interna aplicada a clientes externos de telefonía móvil[11].

Una de las necesidades de las industrias telefónicas, en particular las de dispositivos celulares, es mantener la fidelidad de

---

9. "¿Conectados o comunicados?", conferencia organizada por la Association of Corporate Travel Executives (ACTE), donde el autor participó como panelista; México, DF, 2007.
10. "Las 10 toxinas empresariales", Centro de Estudios Financieros de Madrid, 2010. www.cef.es.
11. Congreso CTIA de tecnologías de comunicación inalámbricas, Las Vegas Convention Center, EEUU, 2006.

sus usuarios, ya que con el inusitado crecimiento de su mercado y la multiplicidad de ofertas, los clientes tienden a migrar hacia otras compañías. Las empresas asistentes al evento se interesaron en paradigmas de comunicación interna para aplicarlos en sus estrategias externas. Sabían que las estrategias de comunicación con los empleados requieren cercanía, escucha y empatía, por lo que algunos modelos de nuestra disciplina podrían generar mayor fidelidad en sus clientes. Por mi parte, estaba interesado en estudiar el fenómeno de la telefonía móvil como herramienta de comunicación laboral. En ese intercambio conocí una estadística que resume en parte lo mencionado: ya en aquel año la mayoría de los norteamericanos tenía su teléfono celular a una distancia no mayor del largo de su brazo durante veintidós de las veinticuatro horas del día. En términos laborales esa estadística anticipaba una verdadera revolución en los años por venir.

Concierto en las soluciones

Versión unplugged

Al iniciarse la segunda década de este siglo la tendencia continuó, la preocupación aumentó y hubo un concierto en la búsqueda de soluciones. Muchas empresas comenzaron a buscar caminos complementarios a la tecnología. Algunas declararon días "libres de e-mail" dentro de la semana laboral, para favorecer la comunicación interna. Otras compañías directamente evaluaron desterrar este sistema de comunicación digital. La multinacional tecnológica ATOS, por ejemplo, dispuso que sus 80.000 empleados directamente dejen de utilizar el correo electrónico en 2013[12]. Otras organizaciones generaron políticas para acotar el uso de la

---

12. "El principio del fin del e-mail", crónica publicada en www.abc.es.

telefonía móvil. En algunos casos, limitaron solo al horario laboral las llamadas, los mensajes de texto y los correos electrónicos enviados a través de celulares. En Alemania, la automotriz Volkswagen tomó esta medida con los dispositivos de oficinas móviles: "Las nuevas posibilidades de comunicación esconden también sus peligros", afirmó a fines de 2011 Heinz-Joachim Thust, miembro del comité de esta importante compañía. La medida implicó que los teléfonos de la empresa no reciban mensajes entre las 18:15 y las 7:00 de la mañana[13].

A pesar de estas medidas paliativas, la tendencia que surge de las últimas experiencias de campo en comunicación interna deja entrever que la saturación de información en el trabajo generada por canales electrónicos es una *consecuencia* antes que una *causa*. Muchos colegas que han logrado sortear estas problemáticas con soluciones sustentables saben que señalar al correo electrónico o al teléfono celular como *causa* es un argumento endeble. Cuando la organización no advierte que esta problemática es una *consecuencia* –es decir, el resultado de una serie de decisiones previas– puede promover que las verdaderas *causas* queden ocultas e impunes. Atacar el problema a nivel táctico, reemplazando una tecnología por otra o minimizando su uso, es un atenuante que ayuda en lo inmediato; pero en el largo plazo es insuficiente. Un jardinero experimentado diría que podar cardos puede ser de ayuda para evitar lastimaduras inminentes, pero, al no tocar la raíz de la planta, las espinas tarde o temprano volverán a aparecer, incluso con renovada enjundia.

La experiencia demuestra que esta confusión entre *consecuencias y causas* no es tan ingenua como parece. Una de las razones que llevan a pensar que erradicando o limitando los canales tecnológicos se está atacando el germen del problema es la coincidencia temporal que analizamos en páginas anteriores. Hemos visto que la comunicación interna empezó

---

13. "Volkswagen limita el uso de la BlackBerry fuera del trabajo", nota publicada en www.lavanguardia.com.

a ser concebida como *problema* en el mismo período en que Internet, el correo electrónico y la telefonía celular comenzaron a tomar protagonismo en el mundo laboral. Y que creció como tal en la medida, que estos medios tecnológicos también evolucionaron. Hay que admitir que esta concurrencia en el nacimiento y desarrollo de nuevas herramientas y nuevos problemas parece más que una casualidad. Incluso corroborando que así fuera, esta coincidencia no da respuestas de fondo y finalmente solo provoca un efecto similar al que genera un espejismo. Hace creer que se ha hallado la causa principal de la problemática y que ya no hay nada más allá de la saturación de información que se genera a través de los medios electrónicos.

Algunas de las causas previas y más profundas ya las hemos puntualizado al referirnos a la ausencia o deficiencia de estrategias, a la polarización en la emisión, a la dirección unilateral de los mensajes, a la asignación de toda responsabilidad al Departamento de Comunicaciones, a la saturación de información o al exceso de persuasión. Estas y otras problemáticas son decisiones previas a la elección de medios electrónicos. Acaso en el pasado también existían, pero quizás, al no haber canales de comunicación tan veloces y accesibles como los actuales, esos problemas y causas no tenían el nivel de *amplificación* que hoy. En el cuarto capítulo, bajo los subtítulos "Economía en inglés" y "Economía en inglés II", sigo profundizando en esta coincidencia temporal que se dio entre las estadísticas negativas de comunicación interna y el crecimiento de canales tecnológicos en el trabajo. Allí analizo otras causas, vinculadas a la globalización de los mercados y a las nuevas culturas laborales que este fenómeno produjo. Por el momento, digamos que para hallar soluciones decisivas en las comunicaciones laborales se necesita mucho más que "desenchufar" los medios electrónicos. Un buen inicio es contar con las premisas metodológicas que surgen de aquellas prácticas que han logrado atravesar el espejismo y atacar las causas reales.

Alineación

Un norte para las siete premisas

¿Qué es lo que una organización –sea una empresa, un organismo no gubernamental o una alcaldía– espera de la comunicación que entabla con las personas que la integran? Una pregunta extensa como esta en realidad puede ser respondida con una respuesta muy breve: *alineación*. Sería inadecuado que una institución aspirara a posicionarse como mera propaladora de mensajes internos. Hemos reflexionado que esta postura suele espolear una indeseada *compulsión a la emisión*. Consideramos también los inconvenientes que en este contexto puede generar *la saturación de información* y de la mayor inconveniencia aún que implican los mensajes *cargados de persuasión*. Evaluamos además la importancia de que el Departamento de Comunicaciones no sea considerado el *principal emisor* de la organización, sino el *principal asesor* de los muchos emisores que toda organización tiene. A ello agregamos que, como si fuera poco, las problemáticas que provocan estas instancias dentro de las organizaciones pueden ser fuertemente *amplificadas* a través de los nuevos medios electrónicos.

Una comunicación interna integrada –aquella que hoy logra resultados efectivos y sustentables en la práctica– no se plantea la meta de que los integrantes de la organización *memoricen algo* –sea ello el objetivo de la empresa, la política del organismo o el plan del gobierno–. ¿De qué serviría que todos puedan repetir esa información al pie de la letra si, al fin de cuentas, no la sienten propia ni los moviliza a la acción? Las estrategias integradas gestan una comunicación con *cabeza, corazón y cuerpo,* para ampliar el conocimiento, el compromiso y la acción de todas las personas que conforman las organizaciones. Esta es una de las acepciones de la palabra *alineación*. Otro significado complementario de este término implica intercambios comunicativos para minimizar la contradicción y maximizar la coherencia, la cual se manifiesta tanto institucionalmente, a partir de la comunicación directiva, como de manera interpersonal, a partir de los jefes de equipo, y en forma también individual, a partir de la comunicación que emite cada colaborador. Organización, equipos y personas van hacia un *decir* congruente con su *pensar, sentir* y *hacer*.

Esta decisión estratégica ha sido siempre anterior a las tácticas mediáticas. La historia aporta muchos ejemplos que promueven esta alineación e integralidad en las comunicaciones, basadas fundamentalmente en procesos participativos y de involucración. Ninguno de esos ejemplos, aunque provengan de décadas o siglos atrás, rechaza en absoluto el potencial aporte de canales más modernos o de medios con mayor tecnología. Uno de esos ejemplos de comunicación integral se encuentra maravillosamente resumido en una sentencia de Benjamin Franklin –quien también fue gobernante– expresada con extraordinaria empatía hacia quienes suelen ser destinarios de una estrategia de comunicación: "Dime y lo olvido, enséñame y lo recuerdo, involúcrame y lo aprendo". Reflexiones como las de Franklin resumen el trabajo que realizan hoy las organizaciones más avanzadas en materia de comunicación interna.

Tácticas exitosas

A tres pasos de distancia

Las mejores prácticas dejan la elección de medios digitales, gráficos o audiovisuales para la última etapa de planificación. Para arribar a una definición de canales que reduzcan los riesgos y multipliquen las oportunidades de amplificación efectiva, realizan tres pasos previos y recién entonces se disponen a elegir medios para canalizar la emisión de mensajes.

Orden de análisis para la gestión de comunicación interna:
1. *Disciplinario*
2. *Metodológico*
3. *Estratégico*
4. *Táctico*

La instancia *disciplinaria* implica que la organización conozca con precisión los aportes de la comunicación interna como especialidad, dimensionando de manera cabal sus objetivos, alcances y beneficios. Para alcanzar óptimos resultados en esta materia resulta clave evitar un enfoque disciplinario basado en paradigmas de otras ramas de la comunicación organizacional. A juzgar por las tendencias de mercado, no es infrecuente que en el ámbito del trabajo la aplicación de herramientas de comunicación externa termine siendo la acción principal del plan de comunicación interna. Hemos visto que aunque esas prácticas sean muy efectivas aplicadas hacia fuera, pueden ser nocivas cuando se replican indiscriminadamente hacia dentro. Las prácticas muestran de manera contundente los serios inconvenientes que genera no reparar en esta distinción. Si bien la implementación de algunas tácticas propias de publicidad, marketing, prensa o periodismo, pueden enriquecer la estrategia de comunicación interna, en todos los casos su elección no se realiza en este paso.

En segundo lugar, la instancia *metodológica* asegura que la organización cuente con modelos de comunicación interna probados en la práctica. Con metodología de gestión la organización cobra vida, ya que los modelos permiten la ansiada *alineación* de todos los objetivos comunicacionales, tanto formales como informales, y promueven el crecimiento de cada integrante de la organización como comunicador. A medida que se aplican los planes anuales, los modelos generan un proceso pedagógico de comunicación interna. Proveen de herramientas a los distintos actores de la organización para que crezcan en su rol comunicante, de acuerdo con las necesidades que requiere su jerarquía, puesto o función. Con esta implementación las comunicaciones orales y presenciales dentro de la organización logran mejores estándares y, entre otras cosas, los mismos trabajadores reducen naturalmente la cantidad de mensajes emitidos por medios remotos, mientras que el Departamento de Comunicación Interna es menos un agente de prensa que un asesor interno.

En tercer lugar, la instancia *estratégica* implica una planificación de objetivos comunicacionales de largo, mediano y corto plazo. Este paso también involucra que en cada período la organización implemente métricas que aporten indicadores confiables para medir el grado de avance. Estas mediciones son distintivas y complementarias de la encuesta de opinión de empleados, de clima o de compromiso. Son métricas específicas de comunicación interna. A través de una estrategia de largo plazo, la organización comienza a hacer posible que todos los integrantes de la organización se conviertan en comunicadores estratégicos. Las mejores prácticas del mercado están logrando excelentes resultados al concentrar su energía en que todos los integrantes de la organización crezcan como comunicadores, empezando por los altos directivos y el resto de los roles de conducción, y siguiendo por los profesionales del Departamento de Comunicaciones y cada uno de los trabajadores.

Finalmente, en cuarto lugar, la organización arriba a la instancia *táctica*, donde sí será indispensable ponderar los canales de comunicación que se utilizarán. Los pasos anteriores permitirán que esta elección sea confiable y decante con naturalidad. En principio, resultará importante ponderar las aplicaciones que son específicas de comunicación interna, que en general se especializan en generar intercambios personales, de manera presencial y a través de la palabra oral. Asimismo podrá evaluarse profesionalmente el aporte herramental que ofrecen otras especialidades, en general expertas en aplicación de medios masivos y no presenciales, especializados en la gestión de la palabra escrita. Así se complementarán de forma equilibrada las tácticas presenciales con la aplicación de medios gráficos, digitales o audiovisuales.

Premisas de comunicación interna

"Simple" no es sinónimo de "fácil"

Los vertiginosos cambios en el ámbito laboral y las crecientes problemáticas que venimos analizando en esta materia hacen que el trabajo profesional de comunicación interna muchas veces termine siendo demasiado reactivo en el día a día, sin responder a una guía estratégica que le dé dirección y sentido. Las premisas que comparto a continuación constituyen la esencia de los innumerables esfuerzos que hicieron y siguen haciendo muchos colegas que se destacan en esta disciplina. Es por eso que el resumen en solo siete prioridades no debe confundir al lector sobre el trabajo y la profundidad que cada una conlleva.

1) *Escuchar primero*
2) *Capitalizar las quejas*
3) *Ordenar la emisión*
4) *Narrar con significado*
5) *Ofrecer la palabra*
6) *Medir los logros*
7) *¿Y el cuadro de resultados?*

La experiencia de campo demuestra que una lista de prioridades de estas características colabora de manera decisiva a mantener el equilibrio entre las necesidades urgentes y los objetivos importantes de comunicación interna. La simpleza de las premisas permite que lo *urgente* y lo *importante* de la gestión profesional convivan en lo cotidiano sin contradicción. De todas maneras, es clave recordar en este punto que *simple* no es sinónimo de *fácil*. La *simpleza* suele provenir de algo que a priori es *complejo*. La síntesis que contempla todos los componentes de la complejidad es lo que tiene valor. Pero si ese resumen es subestimado en su esencia, o se realiza apurado sin contemplar las variables complejas, el resultado que se obtiene es *simplista*, no *simple*.

Una guía de premisas útiles siempre se basa en un trabajo de profundización previo. Para la formulación de esta guía, por ejemplo, el trabajo fue una decantación que pasó varios "filtros". Cada una de las premisas debió atravesar la prueba sucesiva del orden disciplinario, metodológico, estratégico y táctico que vimos anteriormente. De este proceso, surgieron las siete prioridades que están permitiendo generar estrategias efectivas de comunicación interna, a través de un proceso sustentable y cíclico, de largo plazo, que en ningún caso es comprometido por las urgencias.

En un segundo orden, la simpleza de las premisas surge de la destilación de otro proceso, relacionado con las diferentes fuentes que le dieron vida:

Fuentes de las premisas:
1. Casos prácticos
2. Modelos teóricos
3. Tendencias de mercado

En primera instancia, el seguimiento de casos prácticos comenzó con mis primeras experiencias laborales en esta especialidad, a fines de la década del ochenta. Desde entonces, fui sumando prácticas que han tenido éxito en distintas geografías, culturas e industrias. En segundo lugar, la elaboración de modelos empezó con el trabajo de consultoría que realicé en diferentes organizaciones, a partir de 1994, y que derivó en la trilogía metodológica de *Comunicación 1A*. Y finalmente, las tendencias surgen de un trabajo que inicié como docente en 1999 y que profundicé con la creación del *Observatorio 1A* en 2006, donde se realizan consultas en diferentes universidades y organizaciones de habla hispana y que suma estudios de fuentes especializadas en todo el mundo. Con la sinergia de estas tres fuentes y con la ayuda invalorable de numerosos colegas busqué darle mayor sustento y confiabilidad a la guía de gestión que a continuación ofrezco al lector.

Las siete premisas

El resumen del resumen

A partir del siguiente capítulo profundizaremos en cada una de las premisas que están permitiendo lograr una gestión efectiva de la comunicación interna. Pero antes de pasar a esa instancia resultará oportuno hacer un análisis global y sintético de lo que implican.

1) Escuchar primero
El primer paso para lograr una gestión efectiva en comunicación interna es contar con un sistema de escucha que asegure el monitoreo integral de todas las comunicaciones que se generan en el interior de la organización. De esta manera, es posible acompañar las mejoras que se produzcan en la comunicación institucional, grupal e individual.

2) Capitalizar las quejas
La escucha integrada en comunicación interna genera indicadores que permiten descifrar códigos ocultos y dobles lecturas provenientes de la queja y el rumor. Esta premisa

demuestra que la energía negativa de los reclamos puede revertirse y capitalizarse, tanto para la planificación de las comunicaciones como para el desarrollo económico de la organización.

3) Ordenar la emisión

La escucha previa y la interpretación de la queja ayudan a ordenar la emisión en cantidad y calidad. Este paso permite evitar la compulsión a la emisión, equilibrar los mensajes escritos con los orales y abrir la gestión hacia otros emisores claves, como los directivos, los mandos intermedios y los líderes informales de la organización. Esta instancia evita dejar toda la responsabilidad comunicativa al área de comunicaciones.

4) Narrar con significado

La falta de *orden en la emisión* genera escaso sentido en el trabajo. Dicho sentido tiene importantes componentes comunicacionales puesto que constituye el *significado* por el cual una persona trabaja. Las comunicaciones significativas encienden el fuego de la motivación y le otorgan sentido a todos los mensajes, incluso a aquellos que implican informaciones delicadas o *malas noticias.*

5) Ofrecer la palabra

Una comunicación interna realmente integrada requiere *conversaciones*. Mientras la información escrita genera conocimiento (racional), el diálogo presencial produce compromiso (motivacional). Al ofrecerle la palabra a los trabajadores toda la comunicación interna crece, ya que a la *razón* se suma la *emoción* y se produce una *acción* colectiva muy sinérgica y alineada.

6) Medir los logros

Volver a escuchar es imprescindible para asegurar el proceso evolutivo de la estrategia. Y en este proceso resulta clave aplicar el mismo sistema de escucha que al inicio, para comparar los resultados, medir los avances concretos del plan y corregir los desvíos que se hayan producido. Con esta premisa la organización se asegura de que *escuchar* sea tan importante como *emitir* en todo el proceso estratégico de comunicaciones

7) ¿Y el cuadro de resultados?

Las organizaciones que le dan prioridad a su comunicación interna al invertir recursos en estrategias de largo plazo, también se interesan por el impacto que estas generan en sus estados financieros. Los sistemas de escucha integrada pueden aportar indicadores para responder a este cuestionamiento. Algunos de ellos están diseñados para detectar oportunidades de beneficio económico o instancias que le provocan pérdidas ocultas a la organización.

Planificación, implementación y evaluación

Siete dividido tres

Para que las premisas tengan un orden lógico, basado en la secuencia de acciones que debe implementar la gestión, divido las siete prioridades en tres partes.

Planificación	Escuchar primero
	Capitalizar las quejas

Implementación	Ordenar la emisión
	Narrar con significado
	Ofrecer la palabra

Evaluación	Medir los logros
	¿Y el cuadro de resultados?

El primer tercio estratégico lleva el nombre de *Planificación* porque contempla el paso previo para generar una estrategia integrada de comunicación interna. En esta etapa se enmarcan las primeras dos premisas: *Escuchar primero* y *Capitalizar las quejas*. El segundo tercio estratégico lleva el título de *Implementación*, y comprende otras tres premisas: *Ordenar la emisión, Narrar con significado* y *Ofrecer la palabra*. Finalmente, el último tercio lleva el nombre de *Evaluación* porque implica ponderar con indicadores confiables lo realizado en las etapas anteriores. En él se enmarcan las dos últimas premisas, tanto la instancia de *Medir de nuevo* como la pregunta *¿Y el cuadro de resultados?*

Estas tres instancias estratégicas conforman los títulos y los contenidos de los tres capítulos siguientes. En ellos se desarrollan las siete premisas de gestión acompañadas de casos de estudio.

II
PLANIFICACIÓN

ESCUCHAR PRIMERO
CAPITALIZAR LAS QUEJAS

*Tu verdad aumentará en la medida que sepas
escuchar la verdad de los otros.*
Martin Luther King
(1929-1968)

Saber escuchar a los empleados genera más poder para la organización
del que en general se prueba y comprueba en la práctica.

Cuando la planificación evita la escucha y multiplica la emisión oficial,
condena a los trabajadores a un rol comunicante pasivo,
propenso a la queja, porque los libera, a la vez, de su responsabilidad como emisores.

Pero cuando los colaboradores cuentan con espacios para emitir
opiniones y, sobre todo, expresar desacuerdos y reclamos,
la organización siempre sale favorecida.

La planificación con sistemas integrados de escucha permite que
los empleados maduren en su rol comunicante y minimicen las quejas,
pasando del antagonismo al protagonismo.

El proceso permite lograr una forma de persuasión ideal en comunicación:
que los empleados se convenzan por sí mismos de lo que tienen que hacer
para alcanzar un éxito integral, tanto individual como colectivo.

Planificación	**1** Escuchar primero
	Capitalizar las quejas

Implementación	Ordenar la emisión
	Narrar con significado
	Ofrecer la palabra

Evaluación	Medir los logros
	¿Y el cuadro de resultados?

1) ESCUCHAR PRIMERO

Entre las principales acciones que puede realizar una persona para comunicarse con efectividad, escuchar es probablemente la más importante. La destreza en la escucha siempre resulta determinante para el entendimiento, la emisión, la influencia y el intercambio productivo con otras personas. En mi experiencia, he comprobado en numerosas prácticas que los mejores comunicadores son siempre quienes previamente se destacan por escuchar con un nivel diferencial de efectividad. En términos organizacionales, la situación no es diferente. Las instituciones mejor comunicadas internamente son aquellas que tienen gran sensibilidad en esta materia y lo demuestran destinando una parte importante de sus inversiones comunicacionales para escuchar a sus colaboradores. Es por eso que una de las decisiones más inteligentes y estratégicas que puede tomarse en materia de comunicación interna es, justamente, priorizar las acciones de escucha por encima de cualquier otra.

Lewis y Graham resumen el éxito de un auditor interno en tres habilidades básicas: escribir, hablar y escuchar con efectividad. En sus reflexiones determinan que de esas tres funciones la más crucial es la escucha efectiva, aunque también advierten que, desafortunadamente, es la capacidad más difícil de adquirir. En un artículo publicado en 2003 que destacaba la escucha como acción prioritaria de gestión en comunicación interna, estos autores citaban estudios de la *Harvard Business Review*, en los que las personas inferían que los mensajes de voz que enviaban eran más importantes que los que recibían[14]. La experiencia de campo en países hispanos también demuestra que los remitentes consideran sus mensajes laborales más útiles y urgentes que los que reciben de sus compañeros.

Al reparar en estudios y conceptos como los del párrafo anterior, aparece la necesidad de desarrollar herramientas de comunicación interna que aporten un entrenamiento específico en materia de escucha efectiva. Hace más de diez años, junto a un equipo de colegas especializados en pedagogía, dirigimos el esfuerzo hacia dos segmentos de la organización: el Departamento de Comunicaciones y los profesionales con roles de conducción. Más adelante, dedico algunas páginas a los instrumentos de escucha para departamentos especialistas, por ahora haré mención a algunos aspectos importantes del entrenamiento de escucha para directivos. A través de talleres y seminarios de comunicación con gerentes, jefes y supervisores descubrimos que una de las claves para mejorar las habilidades de escucha era aplicar metodología específica de dimensión intrapersonal[15].

En este sentido, hallamos que para escuchar con mayor profundidad a colaboradores, pares y superiores en el ám-

---

14. Lewis, Tom D. y Graham, Gerald, "7 tips for effective listening: Productive listening does not occur naturally. It requires hard work and practice - Back To Basics - effective listening is a crucial skill for internal auditors", www.findarticles.com, agosto de 2003.
15. Tessi, Manuel, "Modelo 1A - Primero Adentro". Metodología para la comunicación de dimensión intrapersonal, www.comunicacion1A.com.

bito laboral, un buen camino era que los directores mejoraran sus habilidades para "escucharse a sí mismos". Al lograr efectividad en la dimensión intrapersonal con la "autoescucha", luego las dimensiones interpersonales e institucionales de la comunicación directiva crecían notablemente, tanto en efectividad como en empatía. Para otorgarle profundidad al entrenamiento, recurrimos a textos de la obra de Platón, Spinoza y Fromm, y añadimos el aporte de especialistas organizacionales como Lewis, Graham y Covey, que habían profundizado en los beneficios de la escucha empática en la empresa. Sumamos a esas recomendaciones el trabajo metodológico que veníamos desarrollando en la dimensión comunicativa intrapersonal (también conocida con el nombre de "autocomunicación").

Con herramientas de aplicación sencilla surgió una *estrategia de comunicación personal* con la impronta de las siglas del Modelo 3E[16]. El entrenamiento se basaba en etapas guiadas por las tres "E" aplicadas intrapersonalmente: *Escucharse-Entenderse-Enseñarse*. Con el tiempo, esta estrategia de comunicación directiva derivó en "La palabra del líder", un programa de capacitación donde los mismos dirigentes se enseñaban a escuchar de manera más efectiva[17]. En el proceso resultaba clave que *entendieran* sus propias palabras y también sus propias contradicciones (o *dicciones en contra* a nivel intrapersonal). A partir de esa acción reflexiva, los dirigentes lograban una mayor llegada a sus equipos y mejores resultados colectivos. Mejor escucha implicaba mayor empatía y mayor empatía derivaba en mejor productividad. En este proceso se cumplían premisas centrales de entendimiento humano postuladas siglos antes por Baruch Spinoza. Una de las frases que nos legó

---

16. Tessi, Manuel, "Modelo 3E: Escuchar-Empatizar-Emitir", Metodología para la comunicación de dimensión institucional, www.comunicacion1A.com.
17. "La palabra del líder", seminarios del autor organizados por Alta Gerencia, representante de la *Harvard Business Review* en Latinoamérica.

aquel filósofo sobre el final de su vida decía lo siguiente: "Probé no reírme de las actuaciones humanas, no llorarlas, no odiarlas, sino entenderlas"[18].

Escucha sistemática

Instrumentos del área de comunicaciones

En la gestión de comunicación interna, escuchar tiene mucho más poder del que en general se le asigna. En ciertas situaciones, incluso, puede lograr más impacto que el mejor de los mensajes profesionales o la más acabada información sobre los objetivos de la empresa. La escucha puede lograr que los empleados se convenzan *motu proprio* en un plazo mucho más corto de lo que a la organización a veces le toma meses o años lograr, emitiendo gran cantidad de mensajes. La escucha sistemática en comunicación interna permite que los empleados se comprometan de manera diferente con los objetivos que la dirección les plantea, porque la comunicación se genera por canales no tradicionales e indirectos que son altamente efectivos.

La escucha sistemática equilibra naturalmente los grandes coeficientes de información y persuasión que en general usan las organizaciones al momento de emitir. Evita la superproducción de mensajes repetitivos y abre espacio para que los trabajadores apuntalen los objetivos organizacionales por propio convencimiento. Al expresarse, debatir e, incluso, quejarse, los mismos trabajadores generan un proceso de *creación* a través de su palabra que poco a poco va logrando un alto valor estratégico para la organización. Cada uno se siente parte de lo que la organización hace colectivamente, incluso aquellos que critican las medidas

---

18. Spinoza, Baruch, *Tratado político*, Alianza Editorial, Madrid, 1986.

directivas que se están tomando. En paradigmas de comunicación interna integrada, la canalización formal del disenso es una forma muy poderosa de crear compromiso en todos los trabajadores. Incluso en los que se quejan.

Las prácticas más destacadas del mercado demuestran que las herramientas de escucha sistemática generan un nivel de asentimiento y alineación muy superior al que produce un reglamento, una directiva o una orden. En la experiencia de campo no es difícil observar que la productividad, por ejemplo, también se liga a procesos de escucha estratégicos. A fines de 2009, el gerente de Comunicaciones de una importante industria automotriz realizó una acción de escucha sistemática en la última línea de la planta. Su objetivo era, simplemente, escuchar en persona a estos equipos, sin llevar ningún mensaje en particular, puesto que estaba en etapa de planificación. Para esto generó una serie de espacios de intercambio y evitó intervenir en todo momento, más aún cuando los trabajadores expresaban quejas o reclamos.

A lo largo de tres días, realizó reuniones con los supervisores y los operarios de ese sector con la sola meta de escuchar. No fueron pocas las quejas que recibió, incluso sobre aspectos que no estaba a su alcance solucionar, pero al final del proceso recabó la información que necesitaba para generar la estrategia de comunicación interna de 2010. A los pocos días de realizadas las reuniones, se sorprendió con la noticia de que aquellos trabajadores habían elevado la producción. Durante la semana de escucha, ese sector había aumentado en cuarenta automóviles la media semanal de producción. Luego de indagar en otras posibles razones de ese inesperado incremento, y de asegurarse de que no había otra variable que lo hubiera provocado, generó un sistema de escucha sistemática para la estrategia del año siguiente que le trajo excelentes resultados. Hoy la gestión de su Departamento de Comunicaciones ha sido reconocida por la casa central en Alemania, y en muchos países donde está presente la compañía aplica este instrumento de comunicación interna.

Herramientas de la premisa

Escuchar es medir

¿Qué es lo primero que puede hacer una organización para mejorar sus comunicaciones internas? La forma más breve y coloquial de responder a esta pregunta puede ser esta premisa. *Lo primero que debiera hacer una organización para mejorar su comunicación interna es escuchar a sus trabajadores.* En términos de gestión, la escucha estratégica en esta disciplina implica la implementación sistemática de mediciones, porque en comunicación interna, *escuchar es medir*. Es por eso que el paso primordial para lograr una gestión efectiva en esta especialidad es contar con métricas de escucha sistemática basadas en modelos de comunicación interna. Esta práctica profesional, como veremos más adelante, es muy valorada por los profesionales de la gestión, a la vez que altamente infrecuente en el mercado. La paradoja se da incluso en organizaciones internacionales líderes, donde las mediciones integradas de comunicación interna en general son infrecuentes.

En primera instancia, una medición en esta materia permite evaluar la calidad de la relación entre la organización y sus empleados. En su obra *Actos de lenguaje*, Rafael Echeverría afirma que *no hay mejor indicador de la calidad de una relación que la manera como evaluamos la escucha*[19]. En comunicación interna, dicha evaluación siempre se asegura con métricas e indicadores metodológicos. Una medición integrada permite escuchar lo que dicen todos los *comunicadores*

---

19. Echeverría, Rafael, *Actos de lenguaje - Volumen I: La escucha*, Editorial Granica, Buenos Aires, 2007.

de la organización, es decir, cada uno de sus integrantes. Esta herramienta permite medir la calidad de la relación entre todos estos actores comunicantes, más allá de los mensajes formales que emite la organización a través de sus medios oficiales. Todos los integrantes de la empresa tienen responsabilidad sobre las comunicaciones internas, por eso una métrica de comunicación interna debe asegurar indicadores integrales, que permitan calificar (para mejorar) los mensajes que emiten todos esos segmentos.

La escucha en la práctica

Alerta roja

Luego de varios años de consultar a colegas y analizar distintos casos en diferentes mercados, surgió una estadística muy preocupante: de todas las herramientas posibles de implementar para mejorar la comunicación con los empleados, *la medición de comunicación interna era la práctica menos frecuente en las organizaciones hispanoparlantes*[20]. La mayoría de los profesionales requerían prioritariamente métricas que les aportaran indicadores confiables para sus estrategias, pero a su vez las organizaciones no las implementaban. Si cruzamos esta estadística particular con las tendencias generales que están posicionando a la comunicación interna como la principal *toxina* laboral en los países hispanos, resulta lógico y hasta inminente darle prioridad en la gestión a la premisa de *escuchar*.

A partir de los emergentes de estas consultas, de los estudios metodológicos y de la experiencia de campo, muchos colegas hallaron que *escuchar* no solo era la primera

---

20. Emergentes de la primera década de este siglo según el Observatorio 1A de Comunicación Interna. Ver detalle en el último capítulo, titulado "Tendencia".

de las prioridades de gestión, sino la más importante. En diferentes casos pudieron comprobar que la implementación de métricas específicas era la práctica más potente para iniciar una planificación profesional de largo plazo. Poco a poco las mediciones integradas se fueron convirtiendo en una herramienta clave para toda la organización. Sus indicadores comenzaron a ser considerados para la toma de decisiones en la alta gerencia, a la vez que un factor decisivo de éxito para los profesionales del área especialista. En la actualidad, las empresas que se enfocan en esta primera premisa están abriendo naturalmente el camino hacia las seis restantes. Cuando un Departamento de Comunicaciones aplica mediciones integradas, hace que la estrategia recorra mucho más que la séptima parte de todo el proceso y potencie sinérgicamente los siguientes pasos.

Medir para mejorar

Escuchar lo que no se dice

A mediados del siglo pasado, el mundo de las organizaciones recibió un tratado de dirección que revolucionó la gestión de empresas. Su título es *The practice of management,* y su autor, Peter Ferdinand Drucker[21]. En aquel poderoso y aún vigente manual de gerenciamiento, este pionero del *management* resumía en solo cinco puntos las máximas funciones de dirección empresaria: entre las primeras se hallaba *comunicar y motivar*, y la quinta era *medir y evaluar*. Más de cincuenta años después debemos reconocer que estos principios de dirección de empresas siguen vigentes. Es imposible imaginar una organización eficiente sin estrategia de comunicación ni mediciones profesionales que evalúen esa comunicación.

---

21. Drucker, Peter, *The practice of management*, HarperCollins, New York, 1993.

En la actualidad, muchos consultores y directivos de empresas aplican exitosamente las herramientas de Drucker apoyándose en sus frases más célebres. Una de ellas afirma que *es imposible mejorar lo que no se mide*. Cuando en la práctica analizamos esta frase con colegas de comunicación, se refuerza la prioridad de destinar recursos y presupuestos a acciones concretas de escucha. Las métricas integradas permiten escuchar *toda* la comunicación interna, sin dejar ningún aspecto de lado. Miden cada detalle de lo emitido por la organización y de lo respondido por los empleados. Y también escuchan los aspectos más sutiles de la comunicación informal. No solo los comentarios de pasillo, las quejas y el rumor, sino también lo que los trabajadores callan. Las mejores prácticas del mercado están hallando en ese silencio poderosos datos para lograr un éxito sostenible. Otra de las célebres sentencias de Drucker recuerda la importancia de escuchar no solo lo que los empleados dicen, si no también *lo que no dicen*.

Los sonidos del silencio

Lo que no queremos escuchar

Cuando una empresa emite mensajes a sus empleados o cuando un jefe se dirige a su equipo y como corolario de esa comunicación nadie hace comentarios, es necesario prestar particular atención. La falta de práctica en este sentido suele llevar a que la organización o sus líderes hagan inferencias rápidas y equivocadas. La experiencia de campo demuestra que el silencio de los trabajadores rara vez implica entendimiento o acuerdo, sino más bien lo contrario. Es por eso que contar con herramientas para interpretar adecuadamente los silencios genera muchos réditos para la organización. En no pocas oportunidades he afirmado que decodificar el silencio es el *arte* de la comunicación interna[22]. Y, a juzgar por los casos destacados del mercado, son las métricas integradas las que mejor propician que una organización despliegue con destreza ese *arte*.

Los profesionales con mayor experiencia en esta disciplina admiten que sin métricas confiables resulta muy difícil *escuchar* lo que los empleados *no dicen*. En uno de los congresos que organizamos para presentar prácticas metodológicas, el gerente de Comunicaciones de una importante industria multinacional compartió las métricas que estaba aplicando en su compañía. En la exposición advirtió que *es necesario realizar mediciones de comunicación que nos digan también lo que no queremos escuchar*[23]. Este notable comunicador europeo afirmaba que había hallado en Latinoamérica una metodología de comunicación interna que le permitía medir aquello de manera confiable y objetiva, sin que su criterio personal intercediera en el análisis. Convencido del valor de las acciones de escucha, destinaba la mitad de su presupuesto para medir las comunicaciones que generaban todos los actores de la organización. En la planificación anual se había propuesto *escuchar* en la misma proporción que *emitía*.

Clima laboral y comunicación interna

Confusión en la escucha

Con el ánimo de saber por qué las organizaciones no implementaban métricas de comunicación interna cuando en realidad reconocían su valor estratégico, me propuse realizar, junto a un equipo de colegas, una serie de entrevistas en compañías que mostraban sensibilidad en el tema. Al

---

22. Tessi, Manuel, "Decodificar el silencio: el arte de la comunicación interna", artículo publicado en www.comunicacion1A.com.
23. Encuentro Latinoamericano de Comunicación Interna, Universidad Mayor, Santiago de Chile, 2007.

final del ciclo, todas las empresas consultadas reconocían que medir las comunicaciones laborales era una prioridad de gestión, pero simultáneamente, la mayoría de ellas no implementaba métricas específicas. Con el tiempo, la paradoja mostró sus verdaderas causas. En la mayor parte de los casos confundían las mediciones de comunicación interna con los emergentes que aportaba la encuesta de *clima*.

En las empresas del nuevo milenio son frecuentes las consultas de opinión de empleados que incluyen en sus cuestionarios algunas preguntas sobre comunicación interna. Tal es el caso de la encuesta de clima, que suele aportar importantes tendencias en nuestra materia. Sin embargo, es necesario advertir que no se trata de herramientas de comunicación que otorguen precisiones para una intervención profunda en nuestra especialidad. En otras circunstancias esta situación pasaría inadvertida y, en verdad, no sería un inconveniente para las organizaciones. Sin embargo, en el contexto actual, donde crecen de manera extraordinaria los problemas de comunicación en el ámbito laboral, es necesario hacer un alto. Lo que en el pasado era apenas una sutileza, en la actualidad se ha transformado en una necesidad acuciante y una prioridad absoluta de gestión. En estas circunstancias, ya no es excusa la indiferenciación entre la encuesta de clima y las métricas de comunicación interna. Las crecientes problemáticas en esta materia requieren mediciones muy precisas.

Por otro lado, es necesario recordar que los problemas internos de comunicación siempre pasan a ser *externos*, trascendiendo las paredes de la empresa. La apatía que genera la falta de escucha dentro del trabajo es muy nociva fuera de él. Significa pésima prensa institucional con alto nivel de credibilidad social, una combinación explosiva por el hecho de ser información acreditada por los propios integrantes de la organización. Esta problemática también asciende hacia la alta gerencia, comprometiendo la productividad de la empresa y afectando incluso a los dueños o accionistas.

Aunque no sean novedad las complicaciones organizacionales que genera hacia fuera y hacia arriba la falta de escucha dentro, lo cierto es que las mediciones en esta disciplina siguen brillando por su ausencia. Esta carencia explica en parte por qué las crecientes inversiones del mercado no logran revertir los índices negativos de comunicación. Las "soluciones frecuentes" se basan solo en estudios generales que surgen de los resultados de clima o de las encuestas de opinión de empleados.

Una escucha poco profunda solo puede generar soluciones poco profundas. Y la superficialidad en la escucha siempre puede calcularse analizando las herramientas de medición que se aplican. Lo cierto es que la confusión en las herramientas de medición por implementar es una seria problemática actual en la mayoría de los países, y se da incluso en empresas transnacionales de primera línea. Sin embargo, para ser justos, es necesario recordar que los problemas de comunicación laboral han crecido tan vertiginosamente en los últimos años que ni la planificación, ni los presupuestos, ni los profesionales aún alcanzan a dimensionar las herramientas que deben aplicarse para lograr soluciones de fondo. Cuando realizamos las entrevistas para conocer las causas que generaban la falta de mediciones en comunicación aparecieron los motivos. Ante la pregunta de rigor, acerca de si la empresa estaba generando métricas de comunicación interna, la respuesta generalizada era "sí, realizamos anualmente una encuesta de clima".

Mediciones complementarias

El clínico y el especialista

Las encuestas generales de opinión de empleados, en las que se formulan algunas preguntas sobre la comunicación interna, tienen el poder de anunciarnos el *síntoma*, pero solo las métricas específicas nos dan las precisiones para hallar el *remedio*. Cuando, por ejemplo, una persona tiene un problema de salud, resulta natural que se dirija a un consultorio y busque el consejo de un médico clínico. Lo que diagnostica ese profesional es muy similar a lo que puede anunciar una encuesta de clima. En el caso de que el clínico advierta que algún aspecto de la salud del paciente está comprometido, no recetará de inmediato, sino que lo derivará a un estudio específico de la zona afectada. Cuando una encuesta de clima anuncia problemas importantes en las comunicaciones laborales, el estudio recomendado será una medición específica de comunicación interna. Una vez que el diagnóstico final esté claro, será mucho más fácil hallar el remedio, la dieta o el tratamiento adecuado para que el paciente se restablezca.

Siempre será injusto reclamarle a la encuesta de clima que precise índices integrados de comunicación interna y que recomiende con exactitud la intervención a realizar. Las organizaciones que obtienen emergentes negativos de comunicación en las encuestas de opinión de empleados y no implementan inmediatamente una métrica específica en esta materia, se entregan al albur de que una pastilla genérica, comprada sin receta, les devuelva la salud. Tal vez esa medida sirva para situaciones leves o aisladas, pero nunca será recomendable para casos problemáticos como los que anuncian las tendencias actuales del mercado. Más aún cuando las encuestas de clima repitan emergentes negativos de comunicación por más de dos años. Si la pastilla genérica no devolvió la salud en el primer año, al siguiente será indispensable recurrir a los estudios de un especialista.

Por su parte, una métrica de comunicación interna es muy sencilla de aplicar ya que no implica repetir ni comenzar todas las mediciones de nuevo. Los diagnósticos de esta especialidad están diseñados para complementar los resultados de comunicación que arrojan las encuestas de clima o de satisfacción de empleados. Tampoco se dirigen a todo el universo, como las anteriores, ya que al tomar los emergentes previos solo necesitan dirigirse a una muestra representativa. Al contar con metodología les resulta suficiente profundizar en algunos emergentes generales para hallar los puntos neurálgicos que se trabajarán. Puede indicar si las necesidades de comunicación están en los directivos, en los mandos intermedios, en los colaboradores, en el Departamento de Comunicaciones, entre otras áreas; en los mensajes descendentes, en los ascendentes, en los horizontales; en los rumores, en los canales formales, en las cascadas orales, etc. Y cuál de todos ellos sería la prioridad de gestión.

En definitiva, todas las células del cuerpo pueden ser analizadas rápidamente con los instrumentos del *especialista*, los cuales determinan la causa más importante que se debe intervenir. Con ese aporte, los pasos siguientes también se simplifican. Al trabajar sobre el origen del problema, la organización hace que otras necesidades de comunicación que surgen en las encuestas genéricas mejoren indirectamente sin intervención. Este punto es crucial. Muchas necesidades de comunicación interna en realidad son consecuencias de unas pocas causas. En este sentido, el diagnóstico integrado permite hallar las más profundas. Existe así una alta probabilidad de que la estrategia de comunicación repare la salud organizacional de manera decisiva y sustentable. Finalmente, a través de esta mirada sistémica e integrada, los *remedios* correctos siempre terminan siendo menos costosos y más efectivos que las *pastillas* tradicionales.

Escuchar en las crisis

Todos quieren evitarlo

Si la escucha profesional es una de las acciones comunicativas más escasas en las organizaciones del nuevo milenio, ese mismo accionar, en contextos de crisis, muestra los peores indicadores. La inercia de muchos años en este tipo de decisiones hace que en la mayoría de los contextos de crisis la comunicación formal sufra un corte abrupto. Entonces, si los mensajes oficiales son escasos en las crisis, no resultará extraño que los espacios de escucha sean aún menos considerados. El comportamiento común del mercado demuestra que en los momentos en que la institución atraviesa una crisis profunda, la comunicación formal decae. Pero, por otro lado, las prácticas más exitosas de comunicación laboral en contextos de fuertes cambios demuestran que los sistemas de escucha son una acción prioritaria y una gran oportunidad para paliar la crisis.

Si se toma en cuenta que en contextos críticos abunda la incertidumbre, y que esta siempre despierta temor en los trabajadores, es posible empezar a vislumbrar que la escucha puede ser una acción paliativa muy poderosa. A partir de 2009, desde los inicios de la crisis económica en Europa, varios comunicadores demostraron que un factor clave para enfrentar contextos críticos era minimizar la angustia de los integrantes de la organización. Cuando los colegas europeos me consultaron al respecto, respondí que, en estas coyunturas, el foco de la comunicación debía concentrarse en *gestionar el temor*[24]. ¿Por qué? Como mencioné renglones arriba, las crisis generan *incertidumbre*, la cual, a su vez, produce *temor* y, en términos conductuales, ese temor se traduce en *parálisis*. En épocas de crisis, las organizaciones necesitan revertir ese derrotero, salir de la inmovilidad y lograr que todos los empleados se activen para restablecer el orden que la organización ha perdido. La estrategia de comunicación requiere contar con un contenido emotivo afectivo que ayude a paliar el temor y evite la parálisis. Dentro de esa estrategia, los sistemas de escucha están de-

---

[24]. Tessi, Manuel, "Gestionar el temor", Comunicación interna de crisis, artículo publicado en el newsletter REDINSIDE N° 37, www.comunicacion1A.com.

mostrando ser la principal herramienta para transmutar el temor en valentía y la parálisis en acciones sinérgicas.

Las prácticas destacadas en contextos de crisis demuestran que los espacios de escucha con los colaboradores resultaron, primero, una ayuda muy poderosa para evitar males mayores y, después, una gran oportunidad para revertir la situación. Sin embargo, es posible observar en el mercado que la mayoría de las organizaciones a menudo evitan estas instancias porque interpretan que escuchar a los empleados en esos contextos solo producirá más problemas. Es cierto que estos se quejarán y no habrá respuestas para darles; pero se puede comprobar que cuando la organización supera esta inercia –basada en su propio temor–, la escucha guiada es una herramienta muy efectiva. Como veremos en el caso de estudio más adelante, quienes la han implementado comparten que es un instrumento clave para generar catarsis, atacar la incertidumbre del contexto, minimizar la angustia de los colaboradores y unificar las fuerzas individuales para salir colectivamente de la adversidad.

Los casos de crisis nunca son fáciles para la gestión profesional de comunicación interna, pero siempre dejan excelentes aprendizajes. Para acceder a ellos también hace falta valentía, es decir, atravesar el temor que sugiere por lo bajo descartar la escucha como alternativa. Dicho temor puede escudarse detrás de argumentos fragmentarios, más racionalistas que racionales. Un análisis solo cognoscitivo puede fundamentar "demasiado bien" que, en las crisis, la gestión profesional de comunicación interna "no hay mucho que pueda realizar". Sin embargo, en estos contextos resulta clave hacer también un análisis emotivo-afectivo de la comunicación. Lo que prima en todos los integrantes de la compañía es miedo, que es precisamente una emoción y no una razón. Los componentes emotivo-afectivos son muy elevados en las crisis, y hay una gran caudal de energía tras de ellos que puede capitalizarse para paliar la situación. Sin embargo, la inacción profesional puede racionalizarse con preguntas y respuestas del tipo: *¿Para qué escuchar? Si nadie ignora lo que dirán los trabajadores.* A estos argumentos es necesario sumar que la escucha se hace, antes que para conocer la opinión de los trabajadores, para que expresen su emoción, sublimen su temor y hagan catarsis. De otra manera, esa energía tomará el efecto *bola de nieve*, y luego será muy difícil de manejar; en particular, cuando sea necesario el apoyo de los empleados para implementar las medidas correctivas.

Encaminar la angustia a través de canales guiados de escucha evita que el temor tome cauce por conductos anónimos como el rumor, donde la crítica destructiva se multiplica exponencialmente. En este sentido, es importante actuar con la mayor rapidez posible. Hasta los trabajadores más sensatos pueden adoptar posturas de escaso criterio cuando en las crisis reciben la influencia de compañeros asustados. En uno de sus estudios, Solomon Asch demostró que un individuo puede tomar la opinión del grupo al que pertenece ponderándola con mayor valor que a la propia, incluso contradiciendo los signos inequívocos que les transmiten sus sentidos. Cass Sunstein, en su libro *Rumores,* cita el estudio de Asch y llama a este fenómeno "cascada de conformismo"[25]. Es por eso que la organización que escucha en la crisis siempre evita males mayores, aun cuando abra estos espacios sin tener respuestas para dar.

Otra de las lecciones que enseñan las crisis en materia de escucha, es que los empleados no expresan el temor con *temor.* Cuando los trabajadores se manifiestan en estos contextos lo hacen con quejas y reclamos, demostrando indignación y enojo. Sin embargo, la experiencia indica que debajo de esas irritables expresiones, en realidad se esconde el *temor.* En comunicación interna, no pocas veces la ira es

---

25. Sunstein, Cass R., *Rumores. Cómo se difunden las falsedades,* Debate, Buenos Aires, 2010.

una emoción secundaria que deriva inicialmente del miedo. Cuando los empleados hablan y se sienten escuchados, liberan ese temor, incluso cuando solo muestran enojo y alegan fuertemente durante toda la intervención. Como veremos en la siguiente premisa (*Capitalizar las quejas*), con el tiempo se sentirán aliviados y mejor dispuestos para enfrentar la crisis, porque mientras hablaban sin parar durante la sesión de escucha, irritados o enojados, el silencio respetuoso de la contraparte les habrá dejado un mensaje tácito muy potente: *la organización valora tu opinión.*

CASO DE ESTUDIO

Adquisición de empresas

Una crisis resuelta con la escucha

El banco pertenecía a una importante entidad multinacional, era una marca muy reconocida en el país y estaba a punto de atravesar un nuevo proceso de adquisición. Contaba con más de cincuenta sucursales dentro del territorio nacional y era una referencia en todo el sector financiero. Durante la última década la operación completa de Latinoamérica había pasado por este proceso en dos oportunidades, y fue adquirida por dos bancos diferentes. En cada caso, el proceso había sido largo y desgastante. Se presentaban las típicas integraciones de procesos y sistemas, con la consecuente reingeniería y cambios en la estrategia de negocio. Además, al tratarse de una entidad financiera, el proceso de adquisición debía ser revisado y aprobado por las autoridades gubernamentales. Hasta tanto no se emitiera esa validación, no podía comunicarse formalmente al personal y a los clientes quién era el nuevo "dueño" de la entidad. Esto generaba una situación paradójica en términos de comunicación: todos sabían cuál sería el banco comprador, pero nadie podía decirlo oficialmente.

En el último proceso de compra, la operación del banco había sido adquirida por una de las corporaciones más reconocidas globalmente, pero solo como parte de un gran paquete de negocios, con alcance mundial. Esto significó un vacío en la dirección estratégica local, ya que en términos relativos, la operación nacional tenía bajo impacto en el negocio global y, además, estaba en una región que no era el foco de desarrollo de la nueva corporación propietaria. Aquella situación había aumentado aún más la desazón de las más de tres mil personas que integraban la nómina de empleados. Así transcurrieron dos años en un clima de apatía generalizada. Para completar el cuadro, el área de Recursos Humanos arrastraba una imagen interna negativa asociada principalmente a procesos de reducción de personal. En esos dos años, y a raíz de la última adquisición, la compañía había pasado de más de cinco mil empleados a los tres mil actuales.

Otro dato que anunciaba un proceso de compra aún más delicado que los anteriores era que el nuevo comprador era un banco muy poco conocido en el mercado financiero internacional. No se trataba de una gran corporación que permitiera argumentar que la operación pasaba a formar parte de una estructura global mayor, con la consiguiente apertura de oportunidades y la ganancia en solidez e imagen. El nuevo comprador era una marca desconocida hasta el momento en el mercado latinoamericano. Dadas estas circunstancias, el desafío era construir (una vez más) una estrategia de comunicación interna que permitiera apoyar el proceso de adquisición, ayudando a los colaboradores a minimizar la incertidumbre y el temor, e impulsando a la organización hacia adelante.

Los responsables de gestionar la comunicación interna debatieron con su equipo de consultores para encontrar el abordaje adecuado. ¿Cuál debía ser el eje central de la estrategia? ¿Qué aspecto de la comunicación podría ser el concepto rector? La conclusión no surgió de inmediato. Tal vez porque cuando las organizaciones piensan en *comunicación*, lo primero que les surge como acción es *emitir*. Pero la experiencia de aquellos comunicadores, forjada en repetidos casos de fusiones y adquisiciones, permitió acertar en la elección: la estrategia de comunicación se centraría fundamentalmente en *escuchar*. Los tres mil colaboradores del banco también tenían experiencia en estos complejos procesos y había pocos mensajes para emitir que ellos no conocieran. Los nuevos propietarios del banco aún no asumían sus funciones, por lo que el riesgo de caer en mensajes prometedores, que no pudieran cumplirse, era demasiado alto.

De tal manera, se generaron diferentes espacios para que los colaboradores pudieran compartir lo que pensaban y, sobre todo, lo que *sentían* frente a este nuevo proceso de adquisición. El otro objetivo, además de canalización de emociones y de la catarsis formal, era saber de manera cabal cómo iban a recibir al nuevo comprador. Según los consultores, ese podría ser el punto de anclaje para los mensajes una vez que pudiera comunicarse oficialmente la adquisición. Al mismo tiempo, las acciones de escucha buscaban que el área de Recursos Humanos recuperara su imagen de servicio e interés en los integrantes del banco. Finalmente, el Departamento de Comunicaciones Internas se proponía ser percibido como un consultor interno por el banco comprador, conocedor de la realidad de la institución al aportar indicadores integrados y un plan bien fundamentado en esos índices, listo para ser implementado al momento de la adquisición formal. La experiencia que tenían las distintas áreas del banco en estos procesos les hacía ver que, realmente, las crisis eran una oportunidad.

A partir de encuestas dirigidas a una muestra representativa, se realizó un diagnóstico integrado de comunicación interna que relevó indicadores sobre lo que los empleados decían y, también, sobre lo que *no decían*. Luego de las encuestas, y por tratarse de un contexto crítico, se planificaron también una serie de actividades de escucha presencial, de dos horas de duración cada una. En ellas participaban entre ocho y doce colaboradores de diferentes áreas del banco. El diseño de escucha incluía preguntas para profundizar los emergentes de las encuestas y técnicas proyectivas para facilitar el diálogo y la apertura. La dinámica buscaba relevar la disposición de los empleados frente al nuevo proceso, la percepción que tenían del nuevo banco comprador y la imagen del área de Recursos Humanos como un facilitador del proceso.

La táctica más comprometida era que las actividades de escucha serían conducidas por los propios integrantes del área de Recursos Humanos. Por tal motivo, todos los miembros de dicho sector recibieron entrenamiento, no solo para darle cauce a las quejas y reclamos, sino también para poder obtener los conceptos clave para el anclaje de la estrategia de comunicación. Con los emergentes de las encuestas y con la profundización de esas actividades se elaboraría el plan final de mensajes que se lanzaría "el día D", como se denominó a la fecha en la que se comunicaría formalmente la adquisición. Para este proceso de escucha presencial se realizaron actividades con más de trescientos colaboradores, y el resultado superó con creces las expectativas. Los integrantes del área de Recursos Humanos se habían preparado a conciencia para ese trabajo.

Finalmente, todos los participantes valoraron el espacio para expresarse, compartir su opinión y canalizar la angustia. Muchos de ellos compartieron lo sucedido con otros compañeros que no formaron parte de los grupos focales, y los comentarios de recodificación posterior fueron muy positivos. Los profesionales del área de Recursos Humanos lograron acercarse desde otro lugar a sus clientes internos y comenzaron una nueva etapa en la relación, mientras que los integrantes del Departamento de Comunicaciones obtuvieron los conceptos clave para forjar los mensajes centrales de la estrategia. Lo que pensaban los colaboradores sobre el banco adquiriente era mucho más positivo de lo imaginado. La opinión más generalizada que surgió de los espacios de escucha fue: "Aunque no sea un banco conocido estamos contentos de que nos compren, porque nos eligieron", "Ya no queremos ser una parte mínima de un paquete comprado por una megacorporación, porque ellos no nos eligieron". Estos comentarios, reiterados con diferentes expresiones, pero con conceptos similares, indicaron cuál era el rumbo que debía tomar la estrategia y cuáles eran los mensajes que se debían emitir. El costo había sido dar la cara en los espacios de escucha sin intentar defenderse ante las quejas, reclamos y emociones más fuertes.

Luego el plan tomó forma y el nuevo dueño recibió de muy buena gana la solución integrada que, como consultor interno, le ofreció el área de Comunicación Interna. Para *el día D* se realizó un gran evento donde todos brindaron por la nueva etapa y cada colaborador recibió importantes obsequios. Minutos antes de la fiesta, un equipo de músicos y actores realizó una intervención en las oficinas centrales para que los empleados dejaran sus puestos y los siguieran hasta el lugar del evento. Allí cantaron jingles alusivos, fusionando música autóctona del país local con ritmos propios del país adquirente, acompañados con instrumentos de ambas culturas y bailarines con trajes típicos. Una extensa campaña de afiches y desarrollos digitales dio cobertura durante las semanas siguientes. Los empleados dijeron que el evento y las campañas posteriores fueron un éxito. Para los ojos menos experimentados, este conjunto de acciones podría parecer la parte más importante de la gestión de comunicación interna, pero solo era la punta del iceberg. Quienes diseñaron la estrategia sabían muy bien que lo crucial había sido *escuchar primero*.

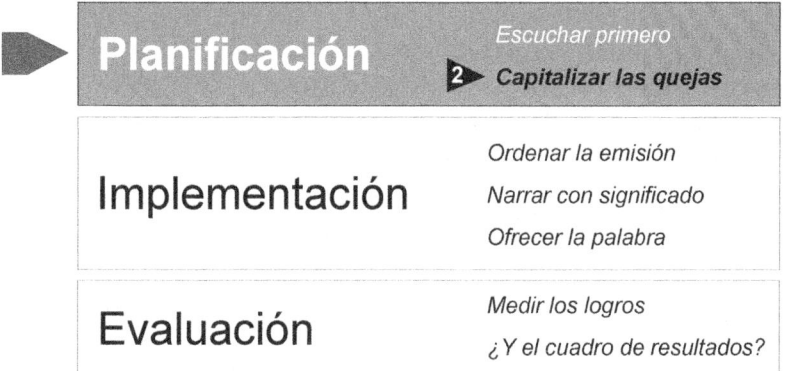

2) CAPITALIZAR LAS QUEJAS

Cuando los trabajadores pueden expresar sus quejas en espacios formales de escucha, la organización siempre sale favorecida. He aquí uno de los mejores aportes que puede hacer la gestión de comunicación interna a los objetivos organizacionales, incluso cuando a priori no tenga respuestas o soluciones para paliar esas quejas. Siempre es mejor que los reclamos se manifiesten por canales oficiales, a que queden latentes en la comunicación informal. Las quejas desoídas por la organización tienen un invariable drenaje hacia el rumor de pasillo. Una vez allí, el anonimato y la impunidad deforman y multiplican cada queja de manera exponencial. Estas nocivas manifestaciones, como toda forma de palabra, también crean realidades dentro del ámbito laboral y, a través de una progresión geométrica de repeticiones, llevan a la organización hacia escenarios altamente indeseables. En la práctica, esos escenarios suelen mostrarse en forma inesperada, en el momento menos oportuno, debido a que la comunicación interna formal no registró sus primeras manifestaciones, por entonces inofensivas, con un sistema de escucha profesional. Desde esta perspectiva, es posible visualizar que el solo hecho de darle espacio a la queja ya es una primera forma de capitalización.

En el caso de la adquisición del banco que compartimos en la premisa anterior, los empleados estaban molestos por las sucesivas compras y fusiones que venía atravesando la compañía. Durante las primeras actividades de escucha fue cuando más se quejaron. Los profesionales de Recursos Humanos que coordinaban el grupo se habían preparado para no oponer resistencia al embate y, a través de las dinámicas programadas, siguieron las instrucciones sin contradecir en ningún momento a los asistentes. De todas maneras, al finalizar la primera actividad, quedaron preocupados por la fuerte reacción que habían tenido los participantes. Sin embargo, al día siguiente la situación mostró su verdadera funcionalidad. Cuando se dirigían a coordinar la segunda actividad, se cruzaron con tres de los trabajadores que habían participado en la escucha del día anterior. Para su sorpresa, estos colaboradores los saludaron cálidamente y les hicieron buenos comentarios sobre lo que estaban haciendo. La situación era claramente contrastante con lo sucedido veinticuatro horas antes: el proceso de escucha y catarsis ya estaba surtiendo efecto. De manera sutil pero muy concreta, la organización ya había empezado a capitalizar las quejas.

Un paso antes de la capitalización

Paradigmas que promueven quejas

Una de las diferencias más importantes entre las prácticas tradicionales de comunicación interna y los modelos de gestión integrada es que las quejas compulsivas son mucho más recurrentes en las primeras que en los segundos. Los paradigmas tradicionales arrastran viejos esquemas, con enfoques fragmentarios de gestión, que recargan a los directivos y al Departamento de Comunicaciones con toda la responsabilidad comunicativa de la organización. En esos modelos mentales, los empleados quedan relegados a un rol tan pasivo como crítico frente a la comunicación interna. Al ser poco escuchados, cuando pueden expresarse, critican y se quejan con mayor compulsión. Esta situación se hace evidente, por ejemplo, cuando los trabajadores usan las encuestas de clima u otras herramientas tradicionales de medición solo para quejarse, criticando lo que incluso consideran positivo dentro de la organización.

En cambio, la gestión integrada considera a todos los colaboradores como comunicadores internos y los declara *emisores responsables*, cualquiera sea su puesto o función. Esta concepción permite otorgarle a las palabras que emiten los empleados una ponderación ajustada, de acuerdo con su jerarquía en el organigrama, que el diagnóstico específico de comunicación interna luego materializa con números y porcentajes. Todo aquello que los empleados *dicen y dejan de decir* pasa a ser clasificado y calificado con indicadores que documentan la influencia de sus dichos y silencios en los éxitos y fracasos de la empresa.

La escasez de modelos integrados en las prácticas actuales no responde a un mero descuido organizacional, sino a un modelo de gestión muy antiguo, que arrastra una poderosa inercia obsoleta, donde el empleado fue estigmatizado con el nombre de *receptor*. El arcaico esquema *emisor-mensaje-receptor* que todas las formas de comunicación social moderna han dejado de lado, permanece casi intacto en la comunicación interna tradicional. Aún en el nuevo milenio, la comunicación en el ámbito del trabajo sigue dividida en *emisores* y *receptores*[26]. En esa fragmentación dichos *emisores*

---

26. El autor profundiza estos conceptos en los artículos: "Bajada de línea en comunicación interna: Queda tierra debajo de la alfombra" y "Fragmentación en comunicación interna: emisores y receptores", www.comunicacion1A.com.

solo serían, como dijimos, los directivos y el Departamento de Comunicaciones, y los *receptores* serían el resto de los integrantes de la organización. Ante un modelo mental como este, la escucha con mediciones integradas siempre tendrá escasas oportunidades. Si los empleados son *receptores*, su única función comunicante es *recibir* mensajes. Desde este punto de vista, puede explicarse mejor por qué la gestión tradicional aún destina la mayoría de sus esfuerzos y presupuestos a emitir.

Al evitar la escucha y multiplicar la emisión, la organización libera a sus integrantes de su responsabilidad como comunicadores. Eso hace que la principal opción de expresión para ellos sea el rumor de pasillo, en el cual crece el anonimato –favorecido por la informalidad– y el resentimiento –alimentado por la falta de escucha–, lo que multiplica exponencialmente cada queja.

Esos arquetipos tradicionales de comunicación interna terminan convirtiéndose en un modelo no deseado que predomina en todas las comunicaciones de la organización e impiden que los trabajadores desarrollen la necesaria madurez comunicativa.

Sin embargo, los profesionales que bajo la lente de una métrica integrada buscan *escuchar primero* y *capitalizar las quejas*, revierten la situación por completo. Dejan en evidencia esos viejos paradigmas que relegan a los colaboradores al rol pasivo de receptores y comienzan a drenar la queja de manera menos nociva. Ante estos primeros logros la organización alcanza buenos resultados de corto plazo y comienza a construir un modelo integrado para sus comunicaciones. Finalmente, a largo plazo, crea *el más grande Departamento de Comunicación Interna* que pueda existir, aquel que cuenta con tantos comunicadores como integrantes tiene la organización.

Integración en la premisa

Cuando lo negativo es positivo

Capitalizar las quejas es una premisa íntimamente ligada a la primera, ya que el proceso de darle utilidad a los reclamos se produce también al *escuchar primero*. Las prácticas que implementan sistemas de escucha integrada para su planificación estratégica también incorporan, en esa misma aplicación, herramientas que aseguran la capitalización de las quejas. Por su naturaleza, estos sistemas buscan detectar, recabar y enriquecerse con los reclamos de los trabajadores. Esta propiedad resulta de mucha utilidad para los gestores porque, al tener que medir sus propias acciones, la tendencia natural los lleva a evitar o a minimizar los reclamos que los colaboradores hagan sobre ellas. En las prácticas más frecuentes del mercado aún es muy grande la tentación de escuchar solo lo positivo. Es por eso que la gestión profesional de vanguardia siempre hace el esfuerzo de sumar estas herramientas para recabar las ponderaciones negativas. Aun cuando las dos primeras premisas se operan simultáneamente dentro de una misma aplicación (medición integrada de comunicación interna), es importante concebirlas separadamente para darle mayor objetividad a la gestión.

Cuando la escucha a los empleados es abierta y genuina resulta inevitable que surjan reclamos, ya que todo empleado interpreta la queja como algo necesario y positivo, que ayuda a la organización y permite mejorar el trabajo que realizan dentro de ella. A pesar de que las herramientas de escucha no son solo para recabar quejas, es importante que la organización sepa de antemano que una verdadera retroalimentación de la comunicación interna siempre las implica. Por eso debe entrenarse profesionalmente para oírlas. Como ya anticipábamos en la premisa anterior, parte del desafío comunicacional de la organización es aprender a escuchar lo que la mayoría de las organizaciones *no quiere escuchar*. Y la máxima categoría en este entrenamiento se alcanza escuchando y capitalizando quejas. A través de esta preparación comienza a vislumbrarse que, lo que a priori parecía muy negativo, al tiempo termina siendo muy positivo. Así, las dos premisas propuestas hasta el momento comienzan a unificarse constituyendo los cimientos de la estrategia de comunicación interna integrada, que se erigirá en las siguientes premisas, dentro del bloque que veremos con el título *Planificación*.

Cuidado, no son clientes

Problemas matrimoniales

Como vimos en el capítulo inicial, algunas organizaciones aún siguen aplicando paradigmas de comunicación externa para planificar la estrategia de comunicación con los empleados. Sin embargo, muchos comunicadores de distintos mercados ya advierten este inconveniente y a menudo consultan sobre la forma de revertir la situación. En particular, algunos colegas se interesan en hallar la real diferencia que existe entre las llamadas audiencias externas y las internas, ya que interpretan –con buen tino– que allí se encuentra el punto neurálgico que se trabajará. Sin embargo, en mi experiencia personal he comprobado que demostrar estas diferencias desde la teoría y con recursos metodológicos no siempre alcanza para que la gestión pueda sostenerlas cotidianamente en la práctica.

Ante este desafío, y para no responder solo de manera teórica, suelo referir una metáfora que muestra desde otro punto de vista la diferencia entre clientes y empleados.

Es una comparación que titulé "El caso del matrimonio" después de compartirla por primera vez con colegas de la Asociación Mexicana de Comunicadores (AMCO)[27]. En esta metáfora, la empresa es un muchacho que quiere conquistar a una joven, la cual representa al público externo o cliente potencial. Durante cierto tiempo, el muchacho busca conquistarla a través de una comunicación seductora, para atraerla y mostrarle lo mejor de sí. En caso de obtener su atención, intentará comenzar una relación. Para eso la invitará al cine a ver películas románticas, la llevará a cenar a lugares bonitos, en cada ocasión que pueda le regalará flores y, quizás, un día, le obsequiará el anillo de compromiso.

Así funciona la metáfora del muchacho y la joven cuando se aplica a la comunicación externa. La joven acepta las invitaciones aunque no ignora que el muchacho, en realidad, algunas veces preferiría ver fútbol antes que películas románticas, o comer una hamburguesa antes que frecuentar finos restaurantes. Sin embargo, acepta de buen grado el código de seducción que le plantea. Se siente halagada por esos claros mensajes de interés hacia ella y lo agradece. Así funciona también el código persuasivo que propone la publicidad, cuando se propone acercar la empresa auspiciante al cliente potencial. Los comerciales se muestran ideales, simpáticos y seductores, y a la audiencia externa le gusta ese código de comunicación, a pesar de que sabe que luego, en la realidad cotidiana, la situación no será tan literal.

¿Y cómo funciona la metáfora en el caso de la comunicación interna? En principio, la comparación es la misma y la diferencia es muy sutil. La organización también está representada por la figura del muchacho, y los empleados –ya no los clientes–, por la de la joven. En rigor,

---

[27]. Tessi, Manuel, "Comunicación Externa e Interna: El caso del matrimonio", publicado en www.comunicacion1A.com.

la empresa y los empleados son el mismo hombre y la misma mujer que en el primer ejemplo, por eso a priori no es tan fácil determinar la diferencia. ¿Cuál es, entonces, el contraste con la comunicación externa? Para comprender la metáfora resulta necesario imaginar que la joven pareja ya se ha casado y lleva diez o veinte años de matrimonio. Ahora conviven bajo el mismo techo, han constituido una familia y se conocen muy bien el uno al otro. De hecho, ella ahora conoce tanto a aquel seductor muchacho de la juventud como ni él mismo lo imagina. Mientras tanto, el marido sabe que ciertos reclamos de su esposa ya no podrán ser resueltos solo con una cena o con una película romántica.

Suponer que los colaboradores no tendrán quejas para hacer durante una medición de comunicación interna es, en el mejor de los casos, una ingenuidad. Sería lo mismo que pretender que un cónyuge no tenga nunca un reclamo hacia su pareja. Si un matrimonio de muchos años no tiene diferencias de ningún tipo se priva de un importante intercambio que hace crecer la relación. No menos incauta suele ser la idea de que la principal función del Departamento de Comunicaciones es persuadir a los empleados sobre lo buena que es la empresa.

Como vimos en el capítulo introductorio, nadie conoce mejor a la organización que sus integrantes. Esto sería como pretender solucionar todas las diferencias conyugales regalando flores. Puede ser un inicio, pero no la solución. En definitiva, la tentación de igualar el perfil comunicativo de los colaboradores al del público externo es tan grande como los errores que emanan de ella. Por eso es importante destacar que, a pesar de las similitudes superficiales, existen profundas diferencias entre los interlocutores externos y los internos de la organización. En particular a la hora de escucharlos.

Regalo de casamiento

Sí, quiero

Uno de los desafíos que presenta la segunda premisa es aprender a reconocer, aceptar y descifrar los códigos de comunicación de los empleados, que en verdad son bastante diferentes a los de los clientes. Como vimos, son tan distintos como los códigos de comunicación de un matrimonio frente a los de una joven pareja, cuyos integrantes recién están conociéndose. Las audiencias externas responden más a procesos de comunicación persuasiva (lo llamamos *seducción* en la metáfora) que a un proceso de diálogo participativo y de conocimiento mutuo (propio de la convivencia). Los trabajadores, de hecho, están más tiempo en la empresa que en su propia casa, por eso buscan expresarse, opinar, compartir, debatir e incluso quejarse. Les resultará extraño –y hasta molesto– que los mensajes organizacionales solo busquen seducirlos o persuadirlos. En rigor, se han ganado el derecho a opinar, puesto que construyen la compañía diariamente y han pasado parte de su vida creándola.

Cuando la organización aún no ha incorporado estos códigos, puede resultarle desalentador generar métricas de comunicación. Muchos emergentes de escucha parecerán decirle que *nada de lo que haga conformará a sus trabajadores*. Sin embargo, la realidad es otra. Si bien los empleados reclaman a la empresa, lo hacen una vez que la han elegido para trabajar. Como en un matrimonio, hay una elección previa, dieron el *sí* en algún momento y ahora la gran mayoría de las carencias que resaltan son para mejorar la relación, no para terminarla. Por eso cuando la organización evita la escucha y el intercambio –que en un diálogo adulto también implica hablar de lo que *no está bien*– genera un franco retraso en sus comunicaciones y cercena las posibilidades de crecer sinérgicamente.

En relación con los códigos de comunicación externa, también es importante recordar que la queja no es privativa de los empleados y que el mercado también se manifiesta a través de ella. En la década del noventa, Barlow y Moller afirmaron que la queja era *un regalo* para todas las empresas que escuchaban a sus clientes[28]. Hoy, avanzada la segunda década del nuevo milenio, los trabajadores también nos acercan su regalo. Solo hay que saber *abrirlo* con la herramienta precisa, escuchando *sin romper el obsequio,* para capitalizar su valor. El resultado será una comunicación adulta, veraz y constructiva, donde todas las partes tendrán responsabilidad y mérito sobre el ambiente laboral. Ese ambiente que caracteriza a las organizaciones donde todos deseamos trabajar.

Marketing interno

¿Ni los regalos alcanzan?

Hay empresas que por el rubro del mercado en el que operan generan una importante gestión de comunicación externa basada en auspicios y patrocinios. El llamado *sponsorship,* a través del cual las compañías auspician eventos, torneos, artistas o deportistas, les permite también generar concursos internos y sorteos con premios para los colaboradores de la organización. Es común que, ante eventos o espectáculos en los que la empresa está asociada como auspiciante, se generen internamente acuerdos entre las áreas de comunicaciones internas y externas para beneficiarse mutuamente. Los profesionales de comunicación interna aprovechan para hacer obsequios u otorgar premios a los colaboradores, mientras que los de comunicación externa,

---

28. Barlow, Janelle y Moller, Claus, *A complaint is a gift,* 1996. Versión actualizada por Gestión 2000, año 2004, con el título *Una queja es un regalo.*

además de generar buenas acciones hacia el mercado, refuerzan la marca internamente. Sin embargo, hay que tener en cuenta que estos últimos están menos acostumbrados a los reclamos y quejas de los empleados.

En cierta ocasión, una importante empresa multinacional con base en Brasil auspició la gira de un cantante popular por Latinoamérica. Todos los recitales del artista se realizarían en países donde la compañía tenía operaciones, por lo cual las áreas de comunicaciones aprovecharon para realizar acciones de marketing interno. A través de un concurso que premiaba la innovación y el trabajo en equipo entregaron como recompensa un centenar de entradas por país. El objetivo era generar motivación y pertenencia en los colaboradores con las localidades para el recital. Deseaban que los ganadores disfrutaran del espectáculo y que en los días posteriores se acercaran a comentar la experiencia y, por qué no, a agradecer el premio. No obstante, el feedback fue escaso y poco alentador. "Me tocó peor ubicación que al resto de los ganadores", fue uno de los comentarios más repetidos que surgieron después del recital. Las localidades que la empresa había reservado para sus colaboradores estaban ubicadas todas en un sector preferencial del auditorio. Sin embargo, como es de suponer, no todos podrían sentarse en las primeras filas de aquel sector.

Los profesionales de Marketing quedaron sorprendidos por ese feedback. Pero luego, sus colegas de Comunicación Interna explicaron que esos emergentes no debían tomarse literalmente. Aquel reclamo no quería decir que los empleados no estuvieran agradecidos, solo era un código de comunicación propio de los trabajadores. Los profesionales de comunicación externa no quedaron del todo convencidos, pero luego, en la medición de fin de año, el área de Comunicación Interna demostró con indicadores integrados que detrás de aquellos comentarios había agradecimiento. En varios casos, los mismos trabajadores que dentro de la compañía se habían quejado, fuera de ella destacaron, frente a amigos y familiares, las ubicaciones preferenciales que les había reservado la empresa para el recital.

Categorización en la escucha

¿Cuánto vale cada queja?

La experiencia demuestra que las quejas, por similares que parezcan, no son todas iguales. Pueden tener matices diferentes según el contexto, el emisor u otras variables por lo que requieren interpretación metodológica. Es por eso que la segunda premisa puede derivar en una capitalización con distintos valores. En un primer nivel, como vimos, la organización puede ganar cuando decide escuchar a los empleados y aún no tiene respuestas o soluciones para sus reclamos. Este tipo de situaciones es inevitable ante cambios fuertes o en contextos de crisis. Como vimos en el caso del banco –que atravesaba por la tercera adquisición en una misma década– la incertidumbre no le permitía a la organización aventurar respuestas o proponer soluciones. Sin embargo, escuchar le resultó mucho mejor negocio que no hacerlo. Aun en las crisis, donde el mayor feedback es queja, la capitalización se produce al evitar el efecto nocivo y multiplicador del rumor.

A partir de ese primer nivel donde la escucha solo es escucha y no conlleva una respuesta con certezas, la capitalización puede aumentar. Un primer ejemplo se da cuando la organización sí tiene réplicas o alternativas de solución para los reclamos de los trabajadores. Esta instancia es más conocida y utilizada en la práctica, ya que la compañía enfrenta con mayor facilidad las quejas porque, justamente, tiene respuestas. Otro ejemplo se produce cuando la organización no está atravesando contextos de crisis o cambio, y al realizar una medición recibe quejas sobre temas o proyectos en los que no imaginaba problemas. Aunque en este caso tampoco tenga respuestas inmediatas, seguramente podrá prometerlas a futuro, ya que la información recibida en esos reclamos es una gran oportunidad de mejora. En estos casos, la capitalización de la queja es aún mayor que en los otros ejemplos.

En un nivel más complejo aparecen los reclamos que tienen objetivos menos evidentes, con códigos más difíciles de descifrar por sus "dobles lecturas". Un ejemplo puede ser el caso de los colaboradores que se quejaron internamente de las ubicaciones para el recital, mientras que externamente valoraron las localidades preferenciales que les reservó la empresa. Finalmente, en las mediciones también pueden surgir reclamos compulsivos que no tienen otro fin que la protesta en sí misma. Oírlos tampoco está de más, ya que permite neutralizarlos y así también ganar en capitalización. Hasta las quejas más injustificadas y aparentemente caprichosas pueden tener una explicación.

La queja fácil, el oído difícil

El cinturón negro de la escucha

Es cierto que resulta mucho más fácil para un trabajador quejarse, que para la organización escuchar sus protestas. Pero es igualmente cierto que las quejas más *fáciles* son también las que ofrecen mayor facilidad de decodificación. La organización que quiere darle prioridad a esta premisa, y capitalizar los reclamos de sus colaboradores, tiene una gran oportunidad de empezar entrenando con este tipo de quejas. La experiencia demuestra que los empleados suelen apelar a los reclamos más ingenuos o desatinados cuando quieren expresar otras necesidades, que a priori prefieren callar. En algunos casos, pude observar personalmente que protestaban con la intención –más o menos consciente– de que la organización *adivine* su real necesidad. Hallé entonces que, en la conjunción de escuchar ese reclamo y decodificar el silencio que había detrás, la organización tenía una interesante forma de capitalización de la queja.

Como vimos, una de las primeras oportunidades que ofrece esta premisa es escuchar reclamos sin esperar a tener un plan de acción con respuestas definitivas. El solo acto de escuchar le quita carga negativa al rumor y deja un mensaje tácito muy positivo en la gente. Otra oportunidad de entrenamiento surgiría cuando los empleados enarbolan quejas basadas en un argumento muy endeble o poco sensato, como el que aquí denominamos "queja fácil". Cuando esto sucede, también es recomendable sostener la escucha sin prejuicios y repreguntarles a los colaboradores sobre lo que manifiestan sin contradecirlos. Al buscar genuinamente una causa a través de las preguntas, los trabajadores advierten que existe un real interés por comprenderlos. En esa instancia, suelen hacer pausas o dar pistas que permiten empezar a conocer la necesidad real que hay debajo del reclamo. En mi experiencia, esas pausas abren un espacio interesante para formular preguntas sinceras, que permitan llegar al meollo del asunto. También es posible preguntar sobre la pista que hayan dado. Ambas situaciones generan oportunidades de capitalización a la vez que producen una interesante experiencia individual, tanto en el aspecto personal como en el profesional.

Analicemos estos desafíos con una metáfora. Si esta premisa fuera un arte marcial, la preparación previa para lograr destreza requeriría entrenar en la escucha sistemática de quejas. En tal caso, escuchar sin dar respuestas definitivas sería como un *cinturón naranja*, y repreguntar con interés cuando aparece la queja fácil, sería uno *rojo*. Poco a poco el oído difícil empezaría a lograr elongación y se convertiría en escucha empática, creciendo en confianza y ganando incluso algunos torneos. Si acaso el lector se interesara por el *cinturón negro* de la capitalización de las quejas podría decirle, con cierta seguridad, que se alcanza escuchando en las crisis. En mi experiencia, los mayores logros en la gestión de comunicación interna siempre estuvieron detrás de las situaciones más difíciles. Y las crisis, sin duda, lo son. Luego de atravesar esas complicadas experiencias en verdad se pierde el miedo a escuchar cualquier tipo de queja.

Las organizaciones a la vanguardia en estrategias de comunicación laboral escuchan los reclamos con la misma naturalidad que los empleados las emiten. Saben que esta clase de manifestaciones está presente hasta en las mejores empresas del mundo y que en un trabajador son tan naturales como inevitables. No ignoran que uno de los tesoros más valiosos de esta profesión se esconde detrás de los sistemas de escucha y de las herramientas para capitalizar quejas. Estas organizaciones planifican estrategias de comunicación interna a cinco o diez años, y es en esa visión de largo plazo cuando se integran naturalmente todos los componentes de la escucha. A lo largo del tiempo deja de haber *buenas y malas noticias,* y solo existen *variables para interpretar.* De hecho, las quejas pasan a ser una oportunidad única para lograr la efectividad en su gestión profesional.

CASO DE ESTUDIO

Un agradecimiento con queja

Dos mil macetas y ninguna flor

Se acercaba el Día de la Primavera y el gerente de Comunicaciones de una importante industria en la Argentina decidió regalar una planta con flores a las mujeres que trabajaban en la fábrica. A pesar de que la idea de obsequiar una planta parecía simple, la realidad era bastante más compleja. La empresa tenía más de cinco mil empleados, de los cuales poco menos de la mitad eran mujeres. La logística requería transportar en un solo día unas dos mil macetas a la puerta de la fábrica. El gerente quería estar presente en el momento en que las colaboradoras recibieran el regalo, para saludar personalmente a cada una. De tal manera, decidió entregar el obsequio con su equipo, justo durante el ingreso de cada turno laboral.

Los miembros del departamento trabajaron coordinadamente durante las tres semanas previas con los proveedores y los encargados de la logística. La idea era que cada mujer que trabajaba en la fábrica recibiera una planta florecida, el mismo día en que comenzaba la primavera. El 21 de septiembre (fecha en la que inicia esta estación en el hemisferio sur), desde horas muy tempranas de la mañana, los cuatro integrantes del Departamento de Comunicaciones recibieron con estas flores al primer turno de colaboradoras. A pesar de lograr con creces el objetivo de saludar y agradecer a cada una de ellas, lo que el equipo de Comunicaciones de aquella compañía recibió como feedback no fueron precisamente "flores".

Al momento de medir la acción de las macetas, la gran mayoría de los comentarios no parecían positivos, y varios de ellos tenían contenidos sorpresivos. Uno de los más llamativos provenía de las trabajadoras del primer turno, las cuales, al ser consultadas por el regalo, en vez de agradecer dijeron: "Por fin un gerente está presente en la fábrica a las 5:30 de la mañana". El emergente hacía alusión a que los niveles directivos rara vez visitaban la planta industrial en ese horario y mucho menos interactuaban con los operarios a través de salutaciones o regalos. En un paradigma tradicional de gestión, el gerente de Comunicaciones podría haberse defraudado con esa respuesta. Sin embargo, las métricas integradas demostraron que ese emergente en realidad era positivo y que la acción de la maceta había cumplido su objetivo. Es cierto que las colaboradoras se manifestaron con ironía, resaltando la presencia de un gerente tan temprano. No obstante, la medición demostró que ninguna de ellas ignoraba que los empleados administrativos y los gerentes ingresaban a trabajar a las nueve de la mañana.

Las trabajadoras se expresaron a su modo, con el código de comunicación que caracteriza a los empleados en estas circunstancias. Por eso no hubo mayores sorpresas para los integrantes del Departamento de Comunicaciones, ya que tenían vasta experiencia en este tipo de métricas. Las expresiones fueron aparentemente contrarias a lo esperado, pero en realidad las colaboradoras se sentían halagadas. En el turno de la noche uno de los comentarios más recurrente fue el siguiente: "La maceta es bonita, sí... pero lo que en verdad nos sorprendió no fueron las flores, sino verlos a ellos aquí". En esos emergentes, el agradecimiento podía leerse entre renglones. El gerente de Comunicaciones que lideraba el caso conocía muy bien el código de las quejas en comunicación interna, por lo que agradeció a su equipo y se dio por satisfecho con la acción realizada.

Este equipo de comunicaciones había acompañado a la empresa durante varios años, incluso remontando una crisis sin precedentes en el país. En 2002, la fábrica había estado muy cerca de cerrar sus plantas en las provincias de Buenos Aires y Córdoba, debido una fuerte crisis nacional de carácter económico-político iniciada a fines de 2001. Ya desde entonces este departamento invirtió en estrategias integradas de comunicación para los empleados con el fin de apoyar a la empresa para permanecer en el mercado. En plena crisis la compañía logró acercarse a los empleados como pocas en su rubro, alcanzando una veloz reconstrucción que, luego de cuatro años, no solo evitó el cierre, sino que la impulsó a liderar en su rubro. Por aquella estrategia, el Departamento de Comunicación Interna llegó a ser modelo para otras plantas de Latinoamérica y su gestión fue reconocida en Europa por la casa matriz. Locaciones asiáticas, y en particular de China, tomaron su gestión de escucha sistemática y capitalización de quejas como modelo para sus prácticas de comunicación interna.

III

IMPLEMENTACIÓN

ORDENAR LA EMISIÓN
NARRAR CON SIGNIFICADO
OFRECER LA PALABRA

*Los líderes que prometen sangre, sudor y lágrimas
siempre consiguen más de sus seguidores que aquellos
que prometen seguridad y buenos momentos.*
George Orwell
(1903-1950)

Una emisión ordenada evita polarizarse en aquellos extremos
en los que suelen caer las prácticas que fracasan.
Logra un equilibrio estratégico que se mantiene equidistante de esos polos.

Cuando la organización ordena la emisión de mensajes y narra con significado
accede a la mejor respuesta que se puede obtener de los empleados:
acciones alineadas.

Narrar con significado implica siempre comunicar la verdad
aun en momentos difíciles o en contextos de crisis.
Los empleados logran mayor sentido cuando se les dan a conocer
las adversidades que deberán enfrentar.

Finalmente, cuando los equipos pueden expresarse en espacios oficiales
sus palabras hacen crecer aún más el significado.
Los intercambios a través de conversaciones son una usina
muy poderosa que multiplica la energía que le da sentido al trabajo.

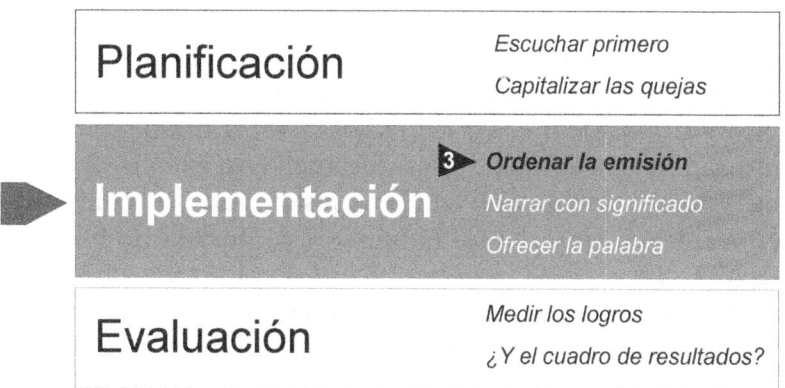

3) ORDENAR LA EMISIÓN

José Ortega y Gasset dijo alguna vez: *La belleza que atrae rara vez coincide con la belleza que enamora.* En los capítulos anteriores, hemos visto que emitir gran cantidad de mensajes, en particular a través de medios remotos, suele ser muy atractivo para la organización que quiere comunicarse con sus empleados. Pero al mismo tiempo evaluamos que una comunicación interna concentrada en este tipo de tácticas suele generar efectos exactamente contrarios a los buscados. La "atracción" que genera gestionar de esta manera es muy poderosa, sin embargo, como cita la frase, resulta difícil que también "enamore". No obstante, la situación podría dar un giro si, al momento de implementar la estrategia, la organización se propone ordenar la emisión. El filósofo español, autor de esta sensible frase, no afirma que la belleza que atrae "nunca" puede enamorar, solo advierte que "rara vez" lo hace.

En un estudio del año 2011, realizado en diferentes compañías de España, casi el 70 % de los profesionales consultados aseguró que las empresas *no desarrollaban profesionalmente su comunicación interna, porque no existían acciones específicas o estaban muy limitadas*[29]. En la actualidad, la mayoría de las prácticas no muestran ideas nuevas, sino que recurren a los mismos tipos de mensajes, medios y emisores que se vienen utilizando desde hace varias décadas. Esta inercia es acaso otro de los motivos que exhibe injustamente a la comunicación interna como una disciplina desenfocada de los principales objetivos de la organización. Para implementar una estrategia integrada, con tácticas variadas que aseguren efectividad, vanguardia y sustentabilidad, resulta clave *ordenar la emisión* previamente. En este sentido, la tercera premisa propone generar un orden estratégico en distintos frentes a través de equilibrar la emisión con la escucha, los canales presenciales con los medios remotos, los emisores profesionales con los no profesionales, la inversión en comunicación interna con la de comunicación externa, etcétera.

Al analizar estudios de otros países, es posible observar que se repite la tendencia que anunciaba el estudio en España. También en 2011, pero en el Reino Unido, una importante encuesta revelaba que *la mayoría de las empresas carecía de una buena comunicación interna*[30]. Por su parte, en los Estados Unidos, uno de los artículos más reproducidos en el sitio *work 911* hablaba de la comunicación interna como un elemento estratégico *descuidado*[31]. En mi experiencia trabajando en aquellos países, comprobé que, efectivamente, esos estudios representaban la realidad de la gestión. Como en la última parte del libro profundizo en estas investigaciones, por el momento bastará decir que la mayoría de ellas coinciden en sus tendencias generales.

---

29. "La empresa no se beneficia de su comunicación interna", estudio realizado por RMG & Asociados, www.foromarketing.com.
30. "Survey Reveals Internal Communication is Lacking in Most Firms", octubre de 2011, en: www.operationsinc.com.
31. Bacal, Robert, "Internal Communication Strategies – The Neglected Strategic Element", www.work911.com.

III - IMPLEMENTACIÓN

Muchas organizaciones modernas siguen apelando a los paradigmas tradicionales de comunicación interna eligiendo los mismos recursos al momento de emitir, cayendo en remanidas prácticas, limitadas en ideas, con un desorden estratégico que luego paga toda la organización.

¿Por qué, a pesar de todos los adelantos que han hecho las organizaciones en los últimos veinte años, no avanzan en su gestión profesional de comunicación interna? Para responder esta pregunta alcanzaría con reparar, por ejemplo, en el fuerte desarrollo que tuvieron las tecnologías de la información y comunicación durante ese lapso. Lo "atractivo" de esos medios hizo que no fuera tan fácil advertir a primera vista el problema que generarían con el tiempo. Al analizar la situación con mayor profundidad es posible ver que son pocas las diferencias que existen entre la gestión actual y la que se realizaba hace dos décadas. Antonio Machado afirmaba que "uno de los remedios más eficaces para que las cosas no cambien nunca por dentro es renovarlas constantemente por fuera".

Una mirada más profunda de la situación muestra que las organizaciones multiplicaron el uso de las viejas herramientas de emisión, renovándolas por fuera con mejoras en el diseño visual y en la tecnología mediática, pero manteniendo intacta la esencia de comunicación a "receptores", de carácter unidireccional o de "mono-logo", como afirma Herrero Mitjans en *La comunicación incomunicada*[32]. Internet, la telefonía móvil y otros muchos avances tecnológicos no pudieron paliar los estigmas del paradigma tradicional, pero como vimos en el capítulo inicial, no puede reclamárseles nada a estos medios. Su función es táctica, no estratégica.

En la primera parte del siglo pasado, Albert Einstein se preguntaba: *¿Por qué esta magnífica tecnología científica, que*

---

32. Herrero Mitjans, Saturnino, *La comunicación incomunicada*, Grupo Editorial Temas, Buenos Aires, 2005.

ahorra trabajo y nos hace la vida más fácil, nos aporta tan poca felicidad? Y se contestaba: *La respuesta es, simplemente, porque aún no hemos aprendido a usarla con tino.* Para implementar una estrategia exitosa de comunicación interna, es necesario revisar los paradigmas de fondo que le quitan criterio a la organización al momento de emitir. La ausencia de "tino" en esta implementación es justamente falta de orden en la emisión. Esa situación minimiza el espacio para que surja un paradigma más amplio, que asegure un equilibrio sustentable, promoviendo ambientes de trabajo más eficientes y también, como decía el físico alemán, más felices.

Cinco errores frecuentes

¿Los padres del paradigma tradicional?

En los paradigmas tradicionales de comunicación interna donde las métricas integradas aún no se aplican, escasea la planificación y abunda la emisión de mensajes con escasa profundización estratégica. Repetida en el tiempo, esta gestión deriva en un trabajo profesional reactivo y eminentemente operativo, basado en tácticas antes que en estrategias, en propuestas espasmódicas antes que en planes de largo plazo, y en cambios de enfoques sucesivos antes que en metodología de gestión sustentable. Esta simbiosis es uno de los ejemplos más claros de lo que produce la falta de orden estratégico en la emisión. Es por eso que resulta prioritario que la gestión cuente con esta premisa a la hora de la implementación.

En 2008 postulé por primera vez este frecuente desorden en la emisión refiriéndome a las características más recurrentes –y poco convenientes– que estaban mostrando la mayoría de las prácticas[33]. El paradigma tradicional consi-

---

33. Tessi, Manuel, "Comunicación interna, ¿más preguntas que respuestas?", Conferencia en ADRHA, Buenos Aires, 2008, www.comunicacion1a.com

dera un buen modelo de gestión a aquel que logra contar con los medios de comunicación necesarios para enviar un mismo mensaje a todos los empleados, al mismo tiempo, de la manera más rápida y repetitiva posible. Resumí este peligroso modelo en un esquema de cinco características: *univocidad, masividad, simultaneidad, velocidad y cantidad*. Esos cinco "dad", dije, pretendían tomar el rol de "padres" de la gestión aconsejándola a implementar todas las comunicaciones bajo esas reglas. Pero lo que en un modelo cerrado podría ser una ventaja, en una gestión integrada significaba un fracaso rotundo. Según las circunstancias, el contexto, la necesidad o el objetivo comunicacional, esas cinco características podían convertirse en verdaderas desventajas comunicativas. Hoy la *cantidad, simultaneidad* y *univocidad* de las comunicaciones suelen ser fuentes de grandes desacuerdos en el trabajo. Esos crecientes conflictos, lamentablemente, después no pueden resolverse con la misma velocidad y masividad con que se generaron.

Cinco claves de éxito

Los polos orientadores

Las prácticas destacadas eligen una gestión integrada para sus comunicaciones internas, y minimizan el riesgo de caer de manera mecánica en extremos indeseables como los que estamos viendo. Una emisión ordenada implica, precisamente, alejarse de los extremos. Al momento de emitir, la estrategia busca equilibrar la gestión de comunicación interna con la externa, enviar mensajes a los empleados en proporción a lo que ha escuchado, elaborar mensajes escritos que se correspondan con los generados oralmente, codificar la comunicación formal teniendo en cuenta la informal, emitir no solo a través del departamento especialista sino también mediante integrantes de la organización con roles de conducción, generar mensajes verticales sin olvidar los horizontales, etc. La estrategia logra este equilibrio, justamente, al mantenerse equidistante de los extremos. Dicho en otras palabras, usa esos polos como puntos de referencia para lograr una gestión exitosa. Veamos, a continuación, cinco de esos extremos que permiten ordenar la emisión de manera estratégica.

Polos de la gestión integrada

1) *"Adentro - Afuera"*. Cuando la organización evita polarizar todo su interés en la comunicación externa y suma recursos para profesionalizar la gestión de comunicación hacia dentro de la compañía, logra un mejor orden en los mensajes internos, lo que redunda también en coherencia para los externos.
2) *"Escucha - Emisión"*. Cuando la organización destina recursos, energía y presupuestos a escuchar a sus colaboradores en la misma medida que a dirigirles mensajes, logra un equilibrio natural en la cantidad y calidad de sus emisiones formales.
3) *"Presencial - No presencial"*. Si la institución equilibra la cantidad de mensajes que emite de manera remota (en particular por escrito) con un plan de comunicación presencial (intercambios cara a cara), alcanza un mayor orden estratégico en la emisión.
4) *"Profesional - No profesional"*. Cuando la organización no le adjudica toda la responsabilidad comunicativa a los profesionales del área de comunicaciones y considera a todos sus integrantes como comunicadores internos (en particular, a los roles de conducción), crece el orden en la emisión.
5) *"Vertical - Horizontal"*. Si la organización equilibra la tradicional comunicación descendente y ascendente con una gestión de comunicación horizontal, asis-

tiendo por ejemplo los procesos inter-áreas y de cadena de valor, logra aún mayor orden estratégico en todas sus emisiones.

Capacitación en comunicación interna

Perdón, tengo una llamada

No es una novedad que la gestión de comunicación interna en las organizaciones muchas veces queda relegada por las necesidades de comunicación externa. Unos renglones más arriba mencioné la encuesta realizada en España que hablaba del escaso beneficio que la empresa obtenía de su comunicación interna. La conclusión de aquel estudio sentenciaba que las empresas *no saben comunicarse de puertas para adentro*[34]. Varios de los profesionales encuestados adjudicaban las causas de esa conclusión a que las organizaciones descuidaban su comunicación interna frente a la externa. En mi experiencia, este descuido es una propensión que también se replica en la mayoría de los países. La gestión de mensajes hacia afuera suele tomar la mayor parte de los presupuestos de comunicación organizacional, postergando notablemente la asignación de recursos para la comunicación endógena. En la práctica, esta situación produce lo que anuncia el estudio español: la comunicación interna se aleja de la innovación y el desarrollo, y a la hora de emitir apela a las mismas herramientas de siempre.

Unas semanas antes de que se publicara el resultado de esta consulta en España me encontraba en Chile dictando una clínica metodológica a los gerentes de comunicaciones de un grupo empresario. Asistían a la capacitación en comunicación interna profesionales de catorce compañías del grupo, en cada una de las cuales la comunicación era gestionada desde

---

[34]. Artículo citado: "La empresa no se beneficia de su comunicación interna", www.foromarketing.com.

un departamento que integraba las comunicaciones internas con las externas. Durante la primera parte de la clínica profesional, varios de los asistentes interrumpieron la capacitación y dejaron la sala tras recibir llamadas en sus teléfonos móviles. Al momento del café, algunos de ellos se acercaron a disculparse arguyendo que las interrupciones eran por urgencias en la gestión de comunicación externa. Al regresar a la sala comenté esta contingencia ante el resto del grupo y todos los gerentes presentes coincidieron en que dichas urgencias siempre les hacían relegar las necesidades de comunicación interna. No solo a nivel presupuestario, sino también en la asignación de tiempo destinado a la gestión. Lo sucedido en la sala durante esa jornada era el ejemplo más cercano: estaban perdiendo la posibilidad de especializarse en metodología de comunicación interna porque, incluso en ese momento, la gestión externa requería su atención.

Comunicación interna y externa

Más que el nombre de un departamento

En repetidas ocasiones hemos escuchado que la integración de los mensajes organizacionales se da cuando las comunicaciones externas se gestionan juntamente con las internas. Sin embargo, como vimos en el ejemplo anterior, esta condición no siempre es garantía de integración. El *orden en la emisión* tal vez pueda comenzar con "el nombre de un departamento", pero luego debe sostenerse con una actitud permanente de equilibrio entre los polos "Adentro - Afuera". Eso implica un grado de profesionalización similar en cada especialidad con una asignación de recursos más balanceada en ambas disciplinas. Una vez logrado el equilibrio entre estos extremos, la búsqueda de orden en la emisión debe continuar hacia los siguientes polos.

El segundo conjunto de polaridad, definido por los extremos "Escucha - Emisión", ya lo hemos analizado en las premisas del capítulo correspondiente a *Planificación*. A efectos de este capítulo, solo agregaré un concepto, para reforzar la ventaja que ofrece escuchar y emitir equilibradamente para ordenar los mensajes. Este concepto lo resumo en el adagio *"escuchar es gestión"* que acuñé hace unos años con el fin de combatir el viejo paradigma que solo asocia la *gestión* con *emisión*. En las prácticas de mercado es común observar que mientras más crecen los índices críticos de comunicación interna, más exacerban las organizaciones su compulsión a emitir, en la creencia de que esto bastará como solución. Este accionar demuestra que el paradigma tradicional no considera a las acciones de escucha como herramientas de gestión. El adagio "escuchar es gestión" busca ser una guía para las prácticas integradas, y más adelante, en la premisa *Medir los logros*, volveré a retomarla para profundizar su aporte. Por ahora digamos que con el equilibrio "Adentro - Afuera" y "Escucha - Emisión" la organización da los primeros pasos para otorgarle un orden óptimo a los mensajes. Veamos a continuación los polos siguientes.

Comunicación presencial

¿Un diálogo platónico?

Si los viejos paradigmas siempre comprenden a la comunicación interna como a la externa, a los empleados como a clientes potenciales y a la gestión solo como emisión, las prácticas más arraigadas a esos esquemas tradicionales siempre conciben la emisión como comunicación *a distancia*. Un ejemplo de esto es la gestión basada en la palabra escrita, canalizada en revistas, campañas, carteleras, intranets, boletines digitales y correos. Estas conocidas prácticas traen una inercia de varias décadas, más exacerbada en la actualidad con el desarrollo de medios tecnológicos. Incluso las llamadas "redes sociales internas", con su intención de apertura, solo están engrosando más las filas de la comunicación remota. Para evitar caer en este extremo, la gestión puede guiarse por los polos "Presencial - No presencial". A través de ellos, es posible recordar que una emisión ordenada requiere también de una comunicación presente, cara a cara, basada en la palabra oral. Si bien la información y la documentación es una forma de comunicación clave para la organización, sin una comunicación presencial que la equilibre, hasta los mensajes escritos más estratégicos de la organización terminan perdiendo crédito frente a los empleados.

Sócrates, maestro de la escucha, creía que la escritura no era apropiada para la transmisión de la verdad. Acaso por eso Platón –dramaturgo en su juventud– debió recurrir a su mejor redacción para plasmar los diálogos de su maestro. Hoy los empleados tienen tanta *sed* de comunicación presencial que agradecen *unas pocas gotas de agua* como si se les ofreciera *un manantial*. Aunque a priori se expresen con ironía o quejas, los profesionales experimentados saben oír el agradecimiento detrás de ellas. Incluso cuando los mensajes escritos de la empresa se presenten como el mejor de los *banquetes*, sin el *agua* de la comunicación presencial, los empleados se terminan atragantando. Cuando una organización *dialoga*, es decir, *habla y escucha,* y no solo *escribe y lee,* equilibra otro de los polos de la gestión integrada logrando un orden más sustentable en la emisión.

Múltiples emisores

Una estrategia en pinza

Hemos visto que la gestión integrada que aplican las mejores prácticas organizacionales consideran a todos los colaboradores como comunicadores estratégicos. Por eso, otro paso clave para ordenar la emisión es diferenciar las responsabilidades comunicativas de estos actores internos. En primera instancia, la alta dirección es el emisor responsable de toda la comunicación formal. Luego, al canalizar parte de ella a través del departamento profesional, delega esa función y convierte a este en un emisor técnico. Ambos pasan a ser los principales protagonistas de la comunicación interna remota formal. Aunque también generen algunas comunicaciones presenciales, envían el grueso de los mensajes a través de soportes mediáticos, fundamentalmente de palabra escrita y en algunos casos con soportes audiovisuales.

Por otro lado, como vimos, hay instancias que requieren comunicación presencial, basada en el diálogo y en estrategias de la palabra oral. En estos casos, los principales emisores de la organización son los jefes y supervisores que están frente a los equipos. A diferencia del departamento especialista, ellos no son profesionales de comunicación, pero igualmente son actores decisivos para el éxito de las estrategias integradas. Es por eso que el cuarto conjunto de polos recomienda ordenar la emisión equilibrando los emisores profesionales y no profesionales.

Las mejores prácticas de comunicación interna suelen asegurar este *mix* estratégico. La alta gerencia y el Departamento de Comunicaciones (*emisión profesional*) complementan su accionar con el resto de los roles de conducción (*emisión no profesional*), lo que genera una estrategia integrada, que trabaja en "pinza" a través de dos brazos sinérgicos: comunicaciones escritas o mediáticas (*no presencial*) y comunicaciones orales o cascadas (*presencial*). Al momento de la escucha, cuando se implementan las métricas de comunicación interna, los emisores formales pasan a ser los colaboradores. De esta manera, toda la organización *conversa estratégicamente,* por escrito y oralmente, generando una progresiva docencia interna que lleva a la madurez comunicativa de cada uno de sus integrantes. Esta *gran conversación interna,* cuando tiene suficiente orden en la emisión, se convierte en uno de los mejores ejemplos que presenta el mercado en la actualidad. A este proceso lo denomino *comunicación interna integrada.*

Todos sabemos comunicarnos

Primer mito de la comunicación interna

Cuando la organización decide abrir el espectro de sus comunicaciones hacia otros emisores debe ampliar también el alcance profesional del área de Comunicación, para que esta se convierta en un *consultor interno.* Mientras la dirección canalizaba solo los mensajes no presenciales con los profesionales del área de Comunicación, estos eran solamente *emisores técnicos* o *planificadores* de la estrategia tradicional, pero al sumar a los mandos intermedios como comunicadores internos la gestión se amplía. En las estrategias integradas que trabajan en *pinza,* el Departamento de Comunicaciones pasa a ser un asesor que ayuda a profesionalizar la comunicación de las distintas áreas y líderes de equipo. En esa consultoría, su principal función es proveerlos de capacitación metodológica, con entrenamientos específicos en habilidades de comunicación interna interpersonal.

Existen ciertas afirmaciones que aparecen tácita y recurrentemente en muchas empresas, frenando la profesionalización de las comunicaciones en el trabajo. A esas sordas afirmaciones las llamo *mitos,* y al primero de ellos lo resumo en la frase "todos sabemos comunicarnos". Esta sentencia es algo que en verdad nadie afirma en voz alta dentro de la organización, pero en general la mayoría piensa. Y, como todo mito, se basa en una *semiverdad*. Desde este preconcepto, no resulta difícil advertir cómo muchas organizaciones frenan su desarrollo y madurez comunicativa. Todos los seres humanos nos comunicamos naturalmente, desde niños, pero no todos llegamos a adultos incorporando técnicas y herramientas de comunicación efectiva. Si una organización decide sumar como emisores formales a los gerentes, jefes y supervisores, resulta indispensable proveerles de un entrenamiento profesional con herramientas específicas para que cumplan ese rol.

Las prácticas más avanzadas demuestran que las organizaciones que invierten en capacitaciones de comunicación interna destierran el *mito* de que la comunicación *es una habilidad personal innata*. Sin embargo, cuando no es así, la situación promueve dos instancias comunicantes indeseables que se potencian entre sí. Crecen estilos personalistas en quienes se consideran *buenos comunicadores* y aumenta, a su vez, el rechazo hacia el rol comunicante por parte de quienes no creen tener esas *condiciones innatas*. En realidad, todos los seres humanos, sin excepción, siempre tenemos algo para mejorar en materia de comunicación. En este sentido, resulta clave descubrir cuanto antes esas áreas de oportunidad, ya que de otra manera seremos los principales perjudicados. El primer paso para lograr éxito en este propósito es que el área de Comunicaciones proponga instancias de entrenamiento para los roles de conducción, basados en modelos y herramientas de comunicación interna, inter e intrapersonal.

Ya en 2009, más de treinta países de Europa definieron que *la acción más importante que hay que realizar en comunicaciones internas era entrenar a los gerentes en su rol de comunicadores*[35]. Durante 2011, en los Estados Unidos, en la encuesta que cité algunos párrafos más arriba, el 44 % de los encuestados afir-

---

35. Euromonitor 2009. Ver detalle en la parte IV del libro.

maba que rara vez los directores tomaban capacitaciones[36]. En las consultas que el Observatorio 1A realizó en España y Latinoamérica entre 2005 y 2012, la tendencia era similar: la necesidad más importante era generar entrenamientos de comunicación interna para quienes tenían roles de conducción, empezando por los directivos. Hoy, en las mejores prácticas del mercado, las estrategias integradas empiezan con dos acciones clave: métricas para escuchar a los empleados y seminarios para sensibilizar a los roles de conducción. En este accionar juega un papel primordial el área de Comunicaciones, que deja el tradicional perfil de *emisor técnico* para ampliar su accionar al de *consultor interno*, motivando a este importante segmento directivo a entrenarse en habilidades comunicativas.

Toda la organización crece

Los polos se atraen

El polo "Profesional - No Profesional" hace crecer a todos los integrantes de la organización en su rol de comunicadores. Quienes eran profesionales –los integrantes del área de Comunicación– se profesionalizan aún más, pasando de emisores técnicos a consultores internos. Y quienes no eran profesionales del área –aquellos que trabajan en la organización con roles de conducción– profesionalizan su comunicación interpersonal a través del entrenamiento que les ofrece el consultor interno. Finalmente, el resto de los colaboradores –que tampoco son profesionales de comunicación– van adquiriendo mayor madurez comunicativa al participar activamente en las métricas integradas. Toda la organización crece al llegar a este polo. En un estadio

---

36. "Survey Reveals Internal Communication is Lacking in Most Firms", www.operationsinc.com.

anterior, con la gestión tradicional, el Departamento de Comunicaciones tenía una labor mayormente operativa. Solo podía delegar al contratar proveedores para el diseño y producción de medios de comunicación remotos. Pero al pasar a ser un consultor interno de comunicación amplía sus funciones, su labor pasa a ser más estratégica y delega de forma más equilibrada en profesionales externos para generar clínicas metodológicas (para su área), métricas integradas (para los colaboradores) y capacitaciones (para los roles de conducción).

Por su parte, al mejorar su comunicación interpersonal, los gerentes y mandos intermedios impulsan de manera notable los temas estratégicos a través de las cascadas orales. La organización alcanza así mejores índices de comunicación interna vertical, tanto descendente –emisión oral a los equipos– como ascendente –escucha cara a cara de esos equipos–. Un polo va atrayendo al otro y se arriba así naturalmente al quinto, que termina de ordenar la emisión. Al profesionalizar la comunicación en cascada, los logros de la comunicación vertical dan paso a las necesidades de comunicación horizontal. Cuando la organización ha tenido en cuenta los polos anteriores, es natural que busque gestionar profesionalmente sus comunicaciones inter-áreas y de cadena de valor. En la última premisa, titulada *¿Y el cuadro de resultados?*, presento el caso de una compañía multinacional que realizó una estrategia de comunicación horizontal, entre dos áreas que estaban en conflicto y que por problemas de comunicación provocaban serios perjuicios al negocio. Al atravesar los cuatro polos anteriores y arribar al polo "Vertical - Horizontal", la organización puede comprobar que ciertas intervenciones de comunicación interna pueden impactar de manera positiva en el cuadro financiero.

CASO DE ESTUDIO

La campaña del código de ética

Nos compete a todos

Era una empresa transnacional con presencia regional en diez países de Latinoamérica. Quería comunicar a todos los empleados el nuevo *código de ética* que recién había llegado de Londres, donde se encontraba la casa matriz. El director global de Comunicación Corporativa había dicho: *No queremos simplemente anoticiar a la gente. Esta importante herramienta de la compañía no debe ser solo un manual en la intranet o una campaña de pósters colgados en los pasillos.* Tras estas indicaciones, los profesionales del área de Comunicación Interna se propusieron generar una estrategia integrada, teniendo en cuenta los polos que le permitirían comunicar de manera *vivencial* los principios éticos. Al cabo de unos días propusieron un plan en el que los directivos, gerentes y jefes fueran los principales emisores de los mensajes. La dirección regional aprobó su propuesta: una estrategia anual basada en la premisa de que los roles de conducción fueran *la voz* del nuevo código de ética de la empresa. El plan no era simple, pero la empresa ya tenía con qué implementarlo.

Hacía poco más de un año los profesionales de comunicaciones habían incorporado metodología para su gestión y habían comenzado a implementar métricas específicas de comunicación interna. Aplicaban esta herramienta a nivel regional desde la oficina de Miami. Su objetivo como área era convertirse en consultores internos de comunicación para los diez países del continente. La incorporación de metodología había generado un buen impacto ante los *headquarters,* y los indicadores de las mediciones integradas terminaron fortaleciendo su respaldo. Al presentar los emergentes al directorio regional el área de Comunicaciones había quedado muy bien posicionada. Ahora, el código de ética era una excelente oportunidad para seguir avanzando y generar una estrategia integrada por primera vez en toda la región. Poco a poco la gestión de comunicación interna estaba logrando un reconocimiento dentro de la empresa como el que tenía comunicación externa. Las condiciones estaban dadas para seguir avanzando hacia los otros polos.

Comunicar vivencialmente requería un plan que transmitiera algo más que *información* y *conocimiento* a la gente. Sería necesario que la estrategia lograra también *compromiso* y *conductas* en ellos. Eso permitiría demostrar que la intervención de comunicación interna era realmente integrada. Para ello los profesionales del área se concentraron en los polos "Presencial - No presencial" y "Profesional - No profesional". Sabían, además, que en esos extremos se hallaban sus próximos pasos como consultores internos. De tal manera, ordenaron la emisión trabajando en dos frentes: se concentraron en equilibrar los mensajes escritos con los orales y en distribuir las emisiones de su área con las de los roles de conducción. La comunicación escrita brindaría *información* y *conocimiento*, mientras que la oral debía generar *actitud* y *comportamientos*. La primera sería emitida por el área de comunicaciones, y la segunda, por los líderes de equipo. Para que la *pinza* funcionara sinérgicamente, los profesionales de comunicación debían asegurarle entrenamiento herramental a estos líderes, para mejorar sus habilidades de comunicación interna interpersonal.

La comunicación remota se definió a partir de una campaña incógnita. Durante una semana completa todos los integrantes de la compañía se encontraron con una interesante pregunta publicada en los distintos medios internos. El mensaje incógnita se canalizó primero a través de un spot de video enviado a las casillas de correo y permaneció colgado durante toda esa semana en la intranet. Esta instancia despertó gran interés, ya que nadie conocía la respuesta. Para los colaboradores que tenían escaso acceso a Internet, la pregunta apareció también en pósters ubicados en espacios comunes y en el circuito de carteleras. Toda la comunicación no presencial fue elaborada con el fin de potenciar la presencial. La estrategia proponía que la develación de la campaña incógnita se hiciera cara a cara a través de la palabra oral de los jefes. Luego, cada equipo construiría objetivos en relación con el código de ética y el jefe presentaría resultados al finalizar el año. Mientras tanto, toda la estrategia sería reforzada con otras comunicaciones no presenciales: notas en la revista registrando los avances y un concurso de fotografía para hacer un mantenimiento del tema en todas las locaciones.

Toda la estrategia de comunicación del código de ética tuvo una coordinación muy precisa. La incógnita se develó primero frente a la cúpula directiva de la región. Esa acción se realizó durante una mañana completa, aprovechando la reunión regional de gerentes en Miami. El eje de aquella actividad fue una dinámica guiada que permitió la participación activa de la mayoría de los gerentes de cada país. En la apertura se repitió el spot con la incógnita y el director regional la develó personalmente. Presentó de manera dinámica el nuevo código de ética y dio paso a las actividades de la mañana. La primera parte del programa contempló un seminario de comunicación interna directiva, para el cual invitaron a un especialista internacional en la materia. Esta instancia les dio distinciones generales y herramientas particulares a los gerentes para la dinámica que vendría después.

Al finalizar el seminario se pasó a una instancia de taller, donde los asistentes se dividieron en diez mesas de trabajo, una por cada país de la región. Allí se les entregó un kit de comunicaciones con las presentaciones realizadas hasta el momento, los spots incógnita-develación, información ampliada sobre el código de ética y una presentación en PowerPoint para realizar las cascadas en cada locación. A partir de ese material, cada mesa debía trabajar en taller para proponer acciones de comunicación que permitieran que los trabajadores de su país "vivenciaran" el código de ética en sus tareas cotidianas. Al finalizar, cada mesa –liderada por el director del país correspondiente– presentó las propuestas y un compromiso para medirlas.

    Al llegar a sus países, cada uno de los gerentes que había participado en la mesa de Miami develó la campaña incógnita a sus reportes, presentó las acciones que había comprometido en la reunión regional, y respondió las preguntas que realizaron los diferentes jefes locales. Luego, estos hicieron lo propio en sus áreas y departamentos. Paralelamente el equipo regional de comunicaciones publicó el resto de las piezas de la campaña, para dar apoyo a las cascadas. Dicha publicación se hizo respetando el orden en la emisión de manera muy cuidada. Había un orden prioritario de la palabra oral por encima de la escrita, ya que quienes debían develar la campaña eran los jefes de equipo. Los pósters y demás medios escritos respaldaban y documentaban sus palabras. La intranet y la revista interna fueron medios de refuerzo para la estrategia y permitieron mantener vigente las acciones durante todo el año. Tal como fuera solicitado en el primer encuentro, la comunicación fue vivencial en todos los rincones de la empresa.

    Al cabo de un año, cuando los gerentes de cada país volvieron a la reunión regional, pudo comprobarse de manera concreta la alineación que habían logrado en sus mercados con esta estrategia. La comunicación del código de ética había generado *conocimiento, compromiso* y *acción* en los trabajadores de cada país. Los distintos gerentes compartieron ejemplos de participación activa y de conductas alineadas que se habían producido entre sus colaboradores. El buen desempeño del equipo de comunicaciones derivó en un reconocimiento formal de la oficina central en Londres. En una convención interna de las áreas de Comunicación Corporativa que se realizó en Budapest, la estrategia fue nominada como *mejor práctica del año*. Los profesionales de comunicaciones internas que idearon e impulsaron la estrategia fueron invitados al evento y al tomar la palabra destacaron que *el mejor "Departamento de Comunicación Interna" se logra al integrar a todos los roles de conducción de la compañía*. Los colegas de otros países se interesaron en saber cómo habían conseguido el consenso directivo para implementar este plan. El gerente de Comunicaciones respondió: *Aportamos modelos de gestión y colaboramos con herramientas de medición y capacitación. Luego el "Departamento de Comunicaciones" creció tácita y naturalmente, hasta ser integrado por todos los líderes de la empresa.*

Planificación	Escuchar primero
	Capitalizar las quejas

Implementación	Ordenar la emisión
▶	**4** *Narrar con significado*
	Ofrecer la palabra

Evaluación	Medir los logros
	¿Y el cuadro de resultados?

4) NARRAR CON SIGNIFICADO

La elocuencia en comunicación interna es un componente decisivo para lograr que los empleados se alineen con los objetivos de la organización. Y el significado es, a su vez, un componente clave de esa facultad comunicativa. Una comunicación elocuente implica transmitir mensajes significativos, antes que informativos, tanto a través del habla como de la escritura. Los líderes organizacionales necesitan contar con esta capacidad para dirigirse a sus equipos, y el Departamento de Comunicaciones, para redactar los principales mensajes institucionales. En este sentido, la cuarta premisa es el eje central de las siete, se encuentra justo al medio de todo el proceso y determina en gran medida el resto de la estrategia.

Cuando la organización logra un buen nivel significativo en sus comunicaciones puede elevar considerablemente la calidad de las respuestas de sus empleados. ¿Y cuáles son las mejores respuestas que pueden brindar los colaboradores? Acciones alineadas. Las organizaciones buscan comunicarse con sus integrantes para que respondan con actos, antes que con palabras. Para eso necesitan que la comunicación les genere compromiso y comportamiento, además de conocimiento. Esas instancias determinan que su respuesta sea un accionar coherente y alineado a las metas colectivas. No por nada William Shakespeare afirmaba que "acción es elocuencia". En una comunicación interna integrada, los mensajes elocuentes y significativos potencian estos tres elementos –conocimiento, compromiso y comportamiento– y ayudan a que un trabajador convierta los comunicados institucionales en acción.

La información en su estado más puro, aun cuando contenga una verdad indiscutible, no moviliza, no emociona, no motiva, no compele a la acción. Baruch de Spinoza decía que el conocimiento de la verdad, en sí mismo, no hace cambiar nada, hasta tanto no sea también un conocimiento afectivo[37]. Esta sentencia, revelada por el filósofo hace cientos de años, hoy tiene una vigencia extraordinaria en el ámbito del trabajo. En mi experiencia, colaborando en distintos contextos laborales, tanto de crecimiento como de crisis, he comprobado que son las emociones, antes que las razones, las que llevan a los equipos a producir acciones extraordinarias o a generar resultados magros[38].

Cuando la comunicación interna se sobrecarga de mensajes informativos deriva en dos problemas típicos: crece demasiado en cantidad y disminuye proporcionalmente en calidad. Los mensajes informativos saturan todas las comunicaciones laborales. En estos casos, los canales que más colapsan son los remotos, que son sobrecargados, a su vez, de numerosos comunicados escritos. En este contexto, la calidad de las comunicaciones disminuye porque implica una gran escasez de significado. El trabajo inmediato que se debe realizar, entonces, es reducir la cantidad de información.

---

37. Spinoza, Baruch de, *Ética demostrada según el orden geométrico*, Alianza Editorial, Madrid, 2011.
38. "Comunicación de crisis", reportaje realizado al autor por la agencia vnews de España. Ver extracto del video en www.manueltessi.com.

Anton Chejov, maestro ruso del relato, afirmaba que "el arte de escribir consiste en decir mucho con pocas palabras". La solución a los dos problemas planteados puede hallarse en esa breve sentencia del autor de *Ivanoe* y *El jardín de los cerezos*, ya que implica las variables de cantidad y calidad a la que me refiero. Las comunicaciones breves logran mayor efectividad que las extensas cuando en el proceso de resumen se logra darle *más significado a menos palabras*. Los trabajos de Ron Hoff sobre discursos presidenciales demuestran el gran poder que logra este proceso de síntesis comunicacional[39].

Si bien la información es un componente racional-cognitivo importante para una estrategia de comunicación interna, los componentes emotivo-afectivos son igualmente imprescindibles. Los símbolos, los ejemplos, las imágenes, las historias, las alegorías, las metáforas y otras figuras retóricas le aportan significado a la comunicación. Es por eso que los aspectos racionales y emocionales deben estar equilibrados en el contenido de los mensajes que se envían a los empleados. En conferencias, seminarios y clases siempre recuerdo que mientras la *información* nos da *razones* para trabajar, el *significado* nos da *motivos*. Por eso *narrar con significado* genera un gran poder *motivacional* en los trabajadores. Es precisamente esa motivación, esa emoción, el paso previo e indispensable para que los integrantes de la organización respondan convencidos y con acciones alineadas a lo que propone la dirección.

La información, alimento organizacional

¿Más buena que el pan?

Una comunicación interna que transmite información sin *affectio* no es inocua. Repetida en el tiempo y sin discriminación ge-

---

39. Hoff, Ron, *Dígalo en seis minutos. Cómo hablar poco y decir mucho*, Granica, Buenos Aires, 1996.

nera *incomunicación interna*. En la actualidad, la mayoría de las organizaciones demuestra tener clara la diferencia entre *información* y *comunicación*. Sin embargo, a pesar del discurso teórico, las tendencias demuestran que en la práctica muchas de ellas no aplican ese conocimiento. La confusa situación es facilitada, como vimos, por la vanguardia tecnológica que permite multiplicar la velocidad, la cantidad, la univocidad, la simultaneidad y la masividad de los mensajes. En este contexto, es fundamental destacar el poder de los relatos, las metáforas y las historias en el trabajo. En ocasiones, se habla de ellas como si fueran manifestaciones de la *antigüedad*. Pero si en aras de la *modernidad* se cayera en el extremo de "tecnologizar" todas las comunicaciones internas, la organización perdería una gran oportunidad de encender el corazón de sus trabajadores.

En la introducción, hice referencia a distintas necesidades que plantea hoy el mercado. Uno de esos testimonios reales, resumidos en pocos renglones, decía lo siguiente:

"Ya tenemos nuestro propio canal de televisión interno, con programas como 'el noticiero' que conducen los mismos directores de la empresa. Sin embargo, en los últimos años apenas hemos logrado mitigar los malos emergentes de comunicación que surgen de la encuesta de clima. En la última medición, los trabajadores dicen que no alcanzan a procesar toda la información que reciben."

Si bien la información es importante para la empresa y sus integrantes, su uso debe ser considerado cualitativa y cuantitativamente por separado. Para profundizar en este punto, puede ayudarnos una metáfora. Al comparar la información con un alimento, la consideración cuali-cuantitativa se clarifica. Nadie diría que el pan, por ejemplo, puede ser dañino para un ser humano. Pero si una persona hace una ingesta indiscriminada de pan puede enfermarse y, en casos extremos, puede incluso perder la vida por una indigestión. La idea de un noticiero es cualitativamente muy potente, pero si responde a un paradigma de información repetitiva con muchas palabras y escaso significado, no es de extrañarse que los resultados terminen siendo como los del testimonio. Por útil que sea la información, los colaboradores evitarán *ingerirla*.

Significados positivos y negativos

Eros y Tánatos

¿De qué hablamos cuando nos referimos a *significado* en comunicación interna? Para las organizaciones, al igual que para una persona, *es imposible no comunicarse*[40]. Invariablemente en el ámbito laboral se generan mensajes todo el tiempo. Y cada uno de ellos, además, posee en sí un significado. Todo lo que se dice y no se dice en la organización quiere decir algo. Es signo de algo. Por eso, en la gestión de comunicación interna resulta clave diferenciar el significado construido estratégicamente por la organización de aquel que no lo está, ya que este último suele ser destructivo. El significado, cuando es estratégico, logra *alineación*, pero cuando no lo es, genera *alienación*[41]. El primero es positivo, tanto para la organización como para sus integrantes, mientras que el segundo es negativo y atenta de manera directa contra ellos. Sin embargo, tanto la alineación como la alienación provienen de la misma institución. Esto quiere decir que al emitir una comunicación con escaso nivel de significado positivo la organización puede atentar contra sí misma.

Realizar una comparación con otra ciencia puede ayudarnos a comprender mejor estos conceptos. Al mirar a una

---

40. Primer axioma de la comunicación humana. Paul, Watzlawick, *Teoría de la comunicación humana*, Editorial Herder, 2011.
41. Tessi, Manuel, "Alineación vs. alienación", Conceptos antagónicos que presenta la metodología de Comunicación 1A, www.comunicacion1A.com.

empresa como si fuera una persona resulta más fácil analizar esta contradicción donde la compañía atenta contra sí misma. Toda persona tiene su propia *comunicación interna*, que es de carácter intrapersonal, y en ese diálogo interno se emite a sí misma mensajes con significados positivos y negativos[42]. Desde el punto de vista del psicoanálisis, podríamos decir que esos mensajes son, respectivamente, impulsos de vida (*Eros*) o de muerte (*Tánatos*)[43]. En estas figuras, que Freud toma de Empédocles, *Eros* representa la fuerza vital que lleva al crecimiento y desarrollo del individuo, y *Tánatos* simboliza exactamente lo contrario: una fuerza destructiva. Mientras *Eros* une e integra, *Tánatos* divide y fragmenta. Llevado a la organización, *Eros* encontraría un lugar ideal en la comunicación interna estratégica, con significado positivo. Sería aquella comunicación integrada, que motiva, promueve a la acción e impulsa al desarrollo de todos los colaboradores, tanto de manera colectiva como individualmente. Mientras que *Tánatos* tendría predilección por el rumor, el temor, la irritación o la incertidumbre. Buscaría darle a los mensajes un significado negativo, que promueva desidia, abulia, queja compulsiva, fragmentación o parálisis.

En este contexto, la cuarta premisa insta a la gestión de comunicación interna hacia un objetivo muy preciso: integrar todos los mensajes de manera estratégica para que logren alineación y signifiquen positivamente. Una estrategia integrada busca espacio vital en las distintas comunicaciones laborales, para asegurarles un significado constructivo, profundo y movilizador a todos y cada uno de los mensajes que se generan en los rincones de la organización. Entonces, cuando hablamos de *significado* en comunicación interna, nos referimos a una trascendencia positiva para todo

---

42. La comunicación intrapersonal es la primera dimensión de la comunicación interna integrada, según el Sistema de *Comunicación 1A*, www.comunicacion1A.com.
43. Freud, Sigmund, *El malestar en la cultura*, Alianza Editorial, 2008.

aquello que se *piensa*, se *habla* y se *escribe* en el ámbito laboral y que genera la mejor respuesta de los empleados: *acciones alineadas*.

¿Cuál es la máxima trascendencia que podría lograr una estrategia de comunicación interna? Aquella que llena de *sentido* a las personas *en el acto de trabajar*. Ese *sentido* surge, precisamente, del *significado*. Y a través de esta poderosa instancia puede generarse la posibilidad concreta de que la comunicación interna promueva coeficientes de felicidad en el trabajo[44]. El Modelo 2S de comunicación interna integrada, diseñado particularmente para las comunicaciones que realizan jefes y supervisores, resume en pocas palabras la respuesta a la pregunta inicial: *el significado* en comunicación interna es aquel que crea *sentido en los trabajadores*.[45] Los líderes de la organización son claves en este proceso y los departamentos de comunicaciones que actúan como consultores internos los asisten acercándoles ofertas de capacitación con metodologías y herramientas precisas para generar este significado.

Gestión con precisión matemática

¿La comunicación es un invento?

En comunicación interna resulta muy común que la organización comunique un mensaje y que los empleados escuchen otro diferente. Esa recurrente brecha entre codificación y decodificación genera cortes en el entendimiento dentro de la organización que no son de redacción sino

---

44. Tessi, Manuel, "La felicidad en el trabajo, ¿es posible?", compilación de artículos y conferencias en newsletter REDINSIDE N° 38, www.comunicacion 1A.com.
45. Tessi, Manuel, "Modelo 2S de dimensión interpersonal, integrante de la trilogía metodológica de *Comunicación 1A*", www.comunicacion1A.com.

de significado. En la práctica, una parte y otra realizan una significación distinta del mismo mensaje. Al analizar esta brecha desde un punto de vista técnico, vemos que el *significado* siempre está vinculado al contenido semántico que tiene un mensaje. En la comunicación formal, esta semántica está relacionada con la profundización previa que realiza el emisor sobre el tema que va a comunicar, para asegurar que su mensaje llegue con *affectio* y promueva acciones alineadas. En este caso, me refiero no solo a la semántica corriente de la palabra o a las acepciones que brinda el diccionario, sino a una significación que sea lo más profunda posible. Al punto que casi alcanzara una perfección matemática.

Podría decirse que la ciencia matemática es un *descubrimiento* del hombre, puesto que los números estaban presentes en el universo desde antes de la existencia humana. En el caso de la música, por ejemplo, sucede algo similar. Las notas musicales también son anteriores a la vida humana. Por lo demás, la matemática y la música tienen un vínculo científico entre sí, como lo demuestran numerosas obras barrocas, de las que Bach es uno de los principales exponentes. Ese ancestral vínculo entre notas musicales y números fue analizado algunos siglos antes de Cristo por Pitágoras en sus estudios matemáticos sobre la música de las esferas. Sin embargo, en las ciencias de la comunicación no sucede lo mismo que con la matemática o la música, puesto que el lenguaje es un *invento* del hombre. Los primeros homínidos lo crearon a partir de sonidos guturales cuando necesitaron empezar a coordinar conductas colectivas.

Los números y las notas musicales tienen una exactitud *divina*, por así decirlo, mientras que el lenguaje, por rico que sea, siempre posee una limitación humana. Si los vocablos fueran números o notas musicales, no habría margen de error en su significado compartido, la organización podría alcanzar una comunicación interna *matemática*, y lograr *una armonía perfecta* con sus integrantes. Una palabra que significara "cinco" o "si bemol", por ejemplo, sería invariablemente decodificada como "cinco" o "si bemol" por cualquier persona, en cualquier país y en cualquier momento histórico de la humanidad. En el peor de los casos, ante un error, una calculadora o un afinador bastarían para comprobar objetivamente si una sumatoria de estos vocablos es un cálculo correcto o una melodía dentro de su escala.

Pero, por más que las enciclopedias y diccionarios hagan su mejor intento, el lenguaje no tiene un significado compartido exacto. Hay que trabajar duro para lograr una significación colectiva congruente, que sea positiva y movilizadora. Este es parte del trabajo que debe realizar una organización que quiere alcanzar la excelencia con sus comunicaciones internas. Decía Epícteto: *"Si no podemos ser Sócrates, vivamos queriendo ser como Sócrates"*[46]. Desde este punto de vista, y parafraseando al filósofo griego, en la gestión de comunicación interna podríamos decirnos: *si el lenguaje no tiene exactitud matemática, vivamos queriendo darle exactitud matemática.* Esa intención se plasma al *narrar con significado,* ya que está comprobado en la práctica que este tipo de comunicaciones ayuda de manera concreta a mejorar nuestras organizaciones.

Un ejemplo mayéutico

La leña que calienta más

Narrar con significado puede ayudar también a una empresa que quisiera, por ejemplo, ser líder en su mercado. Para aplicar esta premisa los directivos tendrían que formularse una serie de preguntas sobre la palabra *liderazgo,* con el fin de generar una profundización semántica que los lleve al significado más exacto que pudieran encontrar. Deberían

---

46. Epícteto, *Manual. Disertaciones por Arriano,* Gredos, Madrid, 2001.

hacer un proceso similar al que propone la antigua mayéutica. A través de sucesivos cuestionamientos, los líderes podrían aproximarse al significado profundo de su meta, como Sócrates iba acercándose solo con preguntas a su objetivo de hallar la verdad. Los directivos de esta compañía podrían preguntarse: ¿qué significa ser líder? (definición, implicancias), ¿qué tipo de líder queremos ser? (características, cualidades), ¿cuáles son nuestros móviles? (razones, motivos), ¿como quiénes seríamos? (ejemplos, comparaciones), ¿como quiénes no seríamos? (diferencias, distinciones), ¿por qué podríamos ser líderes? (bases, fundamentos), ¿para qué? (horizonte, imagen final), ¿en qué? (especificación, descripciones), ¿cuánto? (medida, cantidades), ¿cómo? (método, planificación), ¿dónde? (alcance, delimitación), etcétera.

No se trata solo de obtener respuestas precisadas en fechas, procedimientos y normas, porque el proceso semántico de significación, antes que un *aterrizaje*, es un *vuelo*. Es recomendable que esta dinámica se realice con espíritu de exploración y apertura, para que genere respuestas "más allá del diccionario" y que incluya aquellos conceptos que los "enciende" en lo personal. Para darle más significado a las respuestas obtenidas, es recomendable sumar anécdotas de empleados, relatos propios o historias de la empresa que refieran ejemplos del liderazgo buscado. Finalmente, podrán incluir también metáforas, imágenes, comparaciones y otras figuras retóricas para sumarle *affectio* al mensaje final.

Incluso cuando la frase que enmarque su visión ("ser líderes en el mercado") sea la misma que antes de comenzar el proceso de profundización semántica y no cambien ni una coma de la redacción al momento de comunicarla, su significado tendrá otra *vida*, será más profundo y por ende tendrá otra llegada a los empleados. Hay un viejo adagio que dice: *La leña que corta uno mismo calienta más*. El proceso de significación estratégica produce un efecto similar en los mensajes directivos: los enciende de manera poderosa, les da mayor *fuego* y les otorga la propiedad de generar más calidez. Todo esto a más personas y por más tiempo.

Significación en los empleados

El espíritu de la comunicación laboral

Las prácticas muestran que algunas organizaciones a veces creen que con la implementación de normas y reglamentos será suficiente para lograr una buena comunicación interna. Pero incluso las reglamentaciones más precisas y mejor elaboradas son comunicaciones humanas, por lo que su significado profundo también debe ser extraído más allá de su enunciado nominal. En la cotidianeidad laboral los trabajadores le dan *vida* a los reglamentos, tanto al respetarlos como al hacerlos respetar, y en ese proceso juega un rol fundamental la interpretación. Todas las normativas, por claras y precisas que sean, siempre están sujetas a la elucidación humana y requieren cierta interpretación del trabajador que las lleva a la práctica. Veamos un ejemplo en otro contexto que puede clarificar mejor este punto.

En el ámbito del derecho, a pesar de que se cuenta con códigos escritos, que han sido revisados y actualizados durante siglos, se sabe que igualmente la ley siempre está sujeta a interpretación. Todas las leyes tienen un *espíritu*, como decía Montesquieu, una esencia que no aparece a primera vista y que el hombre debe aprender a extraer[47]. Me contaba mi esposa que cuando estudió Derecho en la Universidad de Buenos Aires los profesores recomendaban que, si los artículos y códigos tenían diferentes explicaciones sobre un mismo tema, en última instancia se preguntaran: *¿cuál*

---

47. Montesquieu, Charles Louis de, *El espíritu de las leyes*, Tecnos, Madrid, 2007.

es el espíritu de esta ley? Incluso si su enunciado tuviera múltiples interpretaciones, la respuesta a esa pregunta siempre les sería fuente de orientación profesional. Acaso por eso Aristóteles afirmaba que *un Estado es mejor gobernado por un hombre bueno que por buenas leyes.*

En mi opinión, la palabra *espíritu* es la que mejor representa al concepto de *significado* en comunicación interna, incluso mejor que las definiciones académicas. Acaso, cuando quiere usarse *información* para definir el *significado*, se hace difícil asir el concepto en toda su magnitud. Dicho más brevemente y desde una visión personal: el *significado* no puede ser definido con *información*. O, por lo menos, no lo merece. En algún punto, sería como degradarlo, ya que la sola lectura de su definición no permitiría conocerlo de manera cabal. Es la comprobación empírica la que enciende su fuego. Por mi experiencia, me convencí de que una comunicación interna que persevera en la búsqueda de significado puede darle *espíritu* a la organización y al trabajo que realiza cada persona dentro de ella.

La palabra del líder

Una catedral para la comunicación interna

Una anécdota laboral basada en una frase de Antoine de Saint Exupéry cuenta que un hombre un día encontró a dos trabajadores picando piedras, entonces le preguntó a uno de ellos qué estaba haciendo. Este le contestó: *Estoy picando piedras.* Luego se dirigió al otro, y le formuló la misma pregunta, pero este le respondió: *Estoy construyendo una catedral.* Si el *significado* profundo de la comunicación interna genera *sentido en el trabajo*, resulta evidente que, en esta anécdota, solo el segundo trabajador había accedido a él. En mi modelo de comunicación interpersonal postulo que

III - IMPLEMENTACIÓN

cada integrante de la organización también es generador de significado para sí mismo[48]. Y en el modelo intrapersonal, profundizo la forma en que un trabajador podría darle mayor asertividad a su interpretación personal del trabajo[49]. Estos conceptos, llevados a la anécdota de Saint Exupéry, dirían que ambos trabajadores influyen en la comunicación interna, ya que ellos también son los se dicen a sí mismos lo que están haciendo. Salvador Dalí se refería sobre este punto de manera muy didáctica. Definía que el valor de una pintura tenía directa relación con la forma en que el pintor percibía el mundo. Citando a Malebranche, decía: *Las cosas que vemos no están en las cosas, sino en nuestra alma*[50].

Pero más allá de este análisis, sabemos que el sentido que un ser humano le otorga a su trabajo depende de muchos factores. En sus percepciones influyen la organización para la que trabaja, el salario que percibe, los beneficios que le otorgan, las oportunidades de desarrollo, la capacitación, el clima laboral, los compañeros y el jefe, entre otros tantos factores. Pero en las encuestas de los últimos años, los mismos empleados sumaron a esta larga lista un factor nuevo: *la comunicación interna*. Y a la fecha ya la ubican entre los primeros lugares del listado. En el nuevo milenio, el trabajo –y el sentido que le atribuyen las personas– está claramente influenciado por la comunicación que circula dentro de la organización. A partir de los estudios que realicé sobre felicidad en el trabajo y de la aplicación del modelo interpersonal de comunicación interna hallé que el *sentido* por el cual una persona trabaja, en ciertas circunstancias, pue-

---

48. El Modelo 2S de comunicación interna denomina "endo-sentido" a la significación personal que hace un trabajador para otorgarle sentido al trabajo que realiza, www.comunicacion1A.com.
49. El Modelo 1A de comunicación interna intrapersonal postula un entrenamiento para darle mayor objetividad a las percepciones individuales, www.comunicacion1A.com.
50. Reportaje de Soler Serrano a Salvador Dalí en la Televisión Española, en www.youtube.com.

de convertirse en una contraprestación más valorada que el mismo salario que percibe por la tarea que realiza. Los estudios demuestran que los empleados buscan ese sentido, ese salario emocional, en la comunicación que reciben de su jefe, de sus compañeros, de los directivos de la organización y del área de comunicaciones.

Las prácticas más destacadas del mercado demuestran que *narrar con significado* es el mejor camino que tiene la comunicación interna para generar sentido en los trabajadores, y que ese significado, en boca de los jefes, puede alcanzar la máxima ponderación en todas las mediciones. En varias experiencias de campo, pude comprobar que la comunicación del líder de un equipo tenía una influencia superior a las del resto de las comunicaciones formales que emitía la organización. La presencia o carencia de sentido en los colaboradores estaba a asociada de manera general a la relación que mantenía el jefe con ellos y en particular con la comunicación que este les emitía[51]. Dos equipos de trabajo con jefes distintos, dentro de una misma empresa, con los mismos sueldos y beneficios, podían tener un sentido totalmente opuesto. Uno *construía una catedral*, mientras el otro solo *picaba piedras*.

Comunicación en dos palabras

"Hacer hacer"

Cuando un trabajador asume por primera vez un rol de jefatura, su trabajo cambia para siempre. Asciende en jerarquía por destacarse al hacer un trabajo que ahora, con el nuevo rol, tiene que dejar de hacer. Parece una paradoja, pero en

---

[51]. El Modelo 2S de comunicación interna denomina "exo-sentido" a la redacción interpersonal que hace un jefe para otorgarle significado al trabajo que realizan sus colaboradores. Ver metodología en www.comunicacion1A.com.

general sucede que el premio por haber realizado bien la tarea que se le encomendaba es, precisamente, que deje de hacerla. Ahora debe dirigir a un grupo de personas para que lleven a cabo lo que él hacía antes. La nueva función requiere que "deje de hacer" para pasar a "hacer hacer". De un día para el otro su rol cambia y la principal herramienta con la que cuenta para "hacer hacer" es su "palabra". A partir de entonces, y en la medida en que siga ascendiendo en la escala jerárquica, crecerá también la cantidad de gente a la cual deberá dirigir, motivar e inspirar con palabras. Para ello será importante que se entrene, perfeccionando el uso de esa herramienta, ya que la necesitará cada vez vez más. Su palabra, y en particular el *significado* que contenga, determinará en gran medida su éxito profesional.

Hace algunos años, el gerente general de una compañía internacional del rubro metalúrgico hacía una reflexión muy interesante y simpática sobre este punto. Afirmaba que ni el colegio ni la universidad lo habían preparado para ejercer su actual rol de dirección. Agregaba que incluso en algunos desafíos profesionales había tenido que "olvidarse" lo que había estudiado en la facultad. Para lograr un mayor desarrollo como gerente se había entrenado en seminarios de comunicación interna y había incorporado metodología y herramientas que, según sus palabras, le habían cambiado la forma de dirigir la organización. *Jamás tuve materias así en la universidad*, decía. *En mi opinión, dirigir personas a través de la comunicación es más parecido a un arte que a una ciencia.* Para rematar su anécdota bromeaba diciendo que pronto encabezaría su currículum con el título de *"ex ingeniero"*.

En verdad, los principales directivos de una compañía pasan la mayor parte de su tiempo en quehaceres vinculados a la comunicación: escuchando a sus reportes, leyendo informes, hablando por teléfono, asistiendo a reuniones, recibiendo directivas de los accionistas y emitiéndolas dentro de la empresa. Incluso, una parte importante de ese tiempo es de comunicación intrapersonal, cuando dialoga internamente para la toma de decisiones. En una estrategia integrada de comunicación interna, el máximo directivo pasa a ser también el máximo comunicador de la organización. Y al mismo tiempo, por su jerarquía, puede delegar gran parte de esas funciones, tanto en el Departamento de Comunicaciones como en el resto de los gerentes y roles de conducción. Sin embargo, no puede delegar la responsabilidad, solo la función. El gerente general es el principal responsable de la comunicación dentro de la organización. Por eso capacitarse y capacitar a los líderes en los que delega sus funciones será fundamental para que puedan cumplir eficientemente su rol de "hacer hacer".

Verdad y significado

La adversidad inspira

Otro *mito* que amenaza a la comunicación interna es la sentencia que afirma que *el buen comunicador nace, pero no se hace*. Este es un obstáculo muy generalizado que se manifiesta en la mayoría de los países. Es muy común en Latinoamérica, pero también lo es en los Estados Unidos y Europa. Expertos de comunicación interna de Francia, por ejemplo, aseguran que esta variable es la primera barrera para el desarrollo de la disciplina en su país[52]. En mi experiencia, este obstáculo muestra su mayor fuerza a la hora de capacitar a gerentes y jefes en esta especialidad. La idea del comunicador innato es una creencia que, como todo mito, es una semiverdad. Si bien existen líderes que nacen con un don para comunicar, en la práctica resulta evidente que son los menos. Si revisamos la historia de los grandes comunica-

---

52. Ver reportaje a Nicole D'Almeida, profesora de la Universidad de la Sorbona de París, en www.comunicacion1A.com.

dores, veremos que en realidad se prepararon mucho para serlo. Es cierto que algunos jefes a veces están convencidos de que su comunicación es muy efectiva, y tal vez sea cierto, pero una vez implementadas las métricas de comunicación interna, los indicadores integrados dejan al descubierto el mito. Hasta el mejor comunicador siempre tiene algo para mejorar. La comunicación es perfectible, no perfecta como las aritméticas.

El entrenamiento para líderes en comunicación interna, además de metodología y herramientas, otorga distinciones para generar y transmitir sentido, desarrollando destreza en el arte de inspirar. Para "hacer hacer" es necesario que el líder asegure una narrativa con significado. Esto implica, como vimos, darle mayor contenido semántico a las palabras que usa frecuentemente, profundizar previamente en lo que le pedirá al equipo, empatizar con sus integrantes, contar con ejemplos y anécdotas, además de sumar metáforas y contenido emotivo-afectivo a su relato. Pero también existen otros componentes significativos que permiten "quemar por dentro" (*ins-pirar*) a los colaboradores. La *verdad*, dicha con empatía, pero sin rodeos, es uno de ellos.

Nadie ignora que la verdad es un elemento indispensable de la comunicación efectiva, aunque en el ámbito laboral no todos saben decirla. Sobre todo en situaciones adversas. En este desafío no está en juego el *qué* sino el *cómo*. En aras de esa verdad a veces los jefes creen que una buena comunicación es transmitir los hechos tal cual son. Pero ya sabemos que comunicar no es informar. En sus estudios de cultura organizacional y liderazgo, Goffee y Jones afirman que muchos jefes se equivocan al asumir que sus colaboradores se comprometen principalmente por el análisis racional de los hechos[53]. Es por eso que comunicar la *verdad* no

---

53. Goffee, Rob y Jones, Gareth, *How to be more effective leader*, Leadership Narrative, Harvard Business School Publishing Corporation, capítulo 7, "Communicate with care", 2007.

es lo mismo que informarla. Por el otro lado, están los jefes que creen que si transmiten la verdad a sus equipos en momentos adversos estos se desmotivarán, por lo que deciden ocultarla, suministrarla en dosis o disfrazarla. Esta decisión tampoco los lleva a buen puerto.

Para comunicar la verdad e inspirar al mismo tiempo resulta clave el significado. En contextos difíciles esto implica hablar también de las adversidades que vendrán. Los líderes y los ejemplos de liderazgo más inspiradores suelen surgir de la adversidad, tal como lo refleja la inefable pluma de Álvarez de Mon, que le dedicó toda una obra a este punto[54]. En comunicación interna, los obstáculos no deben omitirse, sino narrarse con significado, esto quiere decir que si el jefe aspira a que su equipo visualice *una catedral* tendrá que hablarles también de *las piedras*. Darle significado a *las piedras*. Es verdad que a veces la lógica recomienda lo contrario. Esta contradicción, entendible desde un punto de vista racional-cognitivo, no lo es desde lo emotivo-afectivo, ya que cuando el jefe no oculta las adversidades y las narra con significado, los colaboradores tienen la posibilidad de convertirlas en *combustible* de inspiración. Ningún equipo se motiva cuando la tarea por realizar es fácil, porque el mensaje que reciben es, precisamente, *insignificante*. El buen comunicador se prueba cuando aún no está *la catedral* y solo tiene por delante *una pila de piedras*.

En los talleres de comunicación para directores o en las clínicas para profesionales del área de comunicaciones suelo citar líderes de la historia que fueron ejemplo como comunicadores. Cuando la mayoría de los asistentes cree que se analizarán modelos de comunicación "inalcanzables", las anécdotas terminan desterrando el mito *del buen comunicador que nace*. En 1940, al inicio de la Segunda Guerra Mundial, Winston Churchill dio un discurso que pasó

---

54. Álvarez de Mon, Santiago, *Desde la adversidad*, Prentice Hall, Madrid, 2003.

a la historia solo por cuatro palabras: *sangre, esfuerzo, sudor y lágrimas*. Este notable estadista debió dirigirse a su nación en uno de los momentos más difíciles de su historia, pero no vaciló en que el eje de su discurso fueran esas cuatro adversidades. Hoy, nadie ignora cómo su pueblo reaccionó ante sus palabras.

Pero Churchill no nació así. La historia cuenta que este estadista –al igual que Demóstenes, ícono de la oratoria en occidente– en su juventud tenía trastornos de tartamudez; sin embargo, a edad madura movilizó multitudes con su palabra. El filme *El discurso del rey* se refiere a un punto similar, con un ejemplo contemporáneo y muy cercano a Churchill, su soberano Jorge VI. Por lo demás, algunos registros indican que la frase *sangre, esfuerzo, sudor y lágrimas* había sido dicha varias décadas antes por Theodore Roosevelt. Incluso se la asigna originalmente a Garibaldi, casi un siglo antes. En todo caso, esto le da más mérito a Churchill, ya que indica que investigó, se preparó y estudió para comunicar su histórico discurso.

Narraciones significantes

El hombre en busca de historias con sentido

La anécdota de los trabajadores que pican piedras se basa en una frase que literalmente dice: *Una pila de piedras deja de ser una pila de piedras en el momento en que un solo hombre la contempla, concibiendo por dentro la imagen de una catedral.* En muchos casos, pude comprobar con ejemplos reales el maravilloso pensamiento del autor de *El principito*. Colaborando en la gestión de comunicaciones en ámbitos muy adversos para el trabajo humano, tuve oportunidad de interactuar con trabajadores latinoamericanos cuya tarea era, literalmente, picar piedras. En los campamentos mineros, sobre todo, aprendí mucho de algunos jefes. Eran hombres con fuerza física, emocional y mental, que daban testimonio vivo de lo que afirma el escritor francés. Fuerza física como para que una gran pila de piedras no los amilanara. Fuerza emocional, porque trabajaban con una alegría que era realmente inspiradora. Y fuerza mental porque en verdad lograban ver una catedral donde solo había inmensas rocas. Toda esta situación se daba en el frío, el calor, la humedad, la oscuridad, la profundidad o la altura más extremos.

Después de los espacios de escucha, algunos trabajadores se quedaban en el casino hasta tarde conversando con nosotros, incluso cuando estaban agotados después de la larga labor diaria. Sabíamos que esos hombres dormirían sentados esa noche para poder descansar, ya que el campamento estaba a gran altura y si se acostaban se despertarían a cada rato, ahogados por la falta de oxígeno. Los principales narradores de historias eran supervisores, en su mayoría hombres de cierta edad y larga tradición minera. En sus relatos, plagados de adversidades, siempre había algo trascendente e inspirador. Acaso por eso sus equipos los seguían y apoyaban. Nunca es fácil usar solo *palabras* para hacer ver *una catedral* donde solo hay rocas. Pero mucho más difícil es transmitir algo así a un grupo de hombres que trabaja a mil metros de profundidad o a cinco mil metros de altura, donde hasta el mero acto de pensar se hace extremadamente arduo.

En ese contexto laboral me acerqué de manera nada teórica al concepto de *logos* que transmite Frankl en su obra[55]. Tuve la sensación clara de que el *significado* guardaba relación directa con lo que desde épocas remotas la humanidad llama *sabiduría*, comprobando a la vez de que esta no tenía tanta relación con lo que en la actualidad

---

55. Frankl, Emil Viktor, *El hombre en busca de sentido*, Herder, Barcelona, 2011.

llamamos educación. La mayoría de los supervisores que *narraban con significado* jamás habían pisado una facultad y, a la vez, eran una *universidad* para los profesionales que trabajábamos con ellos. En ciertos momentos, cuando relataban sus anécdotas serenamente, algo cambiaba en el ambiente y parecía que la comunicación interna cobraba vida. Sus relatos más inspiradores nunca referían un trabajo fácil, que hubiera costado poco y que haya logrado resultados rápidos. Por el contrario, estaban cargados de esfuerzo, tenacidad y hasta de cierta desesperanza. En un principio muchas de sus historias parecían batallas perdidas, hasta que un final, casi de película, demostraba lo contrario.

El espíritu de esos hombres, estaba templado una y otra vez en el fuego de situaciones hostiles. Muchos de sus relatos se preservan en la transmisión oral y se alimentan en nuevas experiencias cotidianas. El mundo conoció una de estas conmovedoras historias en octubre de 2010, cuando los treinta y tres mineros de Copiapó volvieron con vida a la superficie después de estar setenta días atrapados a casi mil metros de profundidad. Canales de televisión, diarios, revistas y libros se hicieron eco de esta historia chilena, muchas veces calificada como un infierno[56]. Dos años después, en abril de 2012, nueve mineros peruanos fueron noticia cuando quedaron atrapados casi una semana en la mina Cabeza de Negro. Ante estas circunstancias, los medios periodísticos se preguntaban cómo esos hombres podían soportar semejante situación. Es difícil dar con una respuesta satisfactoria sin conocer de manera cabal la tradición minera, plagada de historias con significado.

---

56. l'Homme, Cristina, *70 jours dans l'enfer de la mine*, Prisma Presse, París, 2010.

CASO DE ESTUDIO

La significación del CEO

Una palabra multiplicada por mil

La compañía estaba presente en cuatro continentes y tenía su oficina central en Inglaterra. El CEO global quería complementar la estrategia de negocio con modelos de comunicación interna integrada. Su objetivo principal era impulsar un cambio cultural que le permitiera operar de manera más competitiva y sinérgica en los cuarenta países en los que estaba la empresa. A través de metodología específica trabajó la estrategia de comunicación interna en tres dimensiones: intrapersonal, interpersonal e institucional[57]. Esto implicaba, respectivamente, acciones comunicativas propias, de todos los roles de conducción y del área de Recursos Humanos, donde se hallaba el Departamento de Comunicaciones. Pero lo más destacable de este caso es que el CEO había tomado la decisión de ser el principal comunicador de la compañía.

En la dimensión institucional impulsó, junto con el área de Recursos Humanos, diversos medios no presenciales, algunos de los cuales eran canales que él mismo utilizaba para comunicarse con todos los países. En particular, se valió de una intranet interactiva y de videos en los que se dirigía personalmente a todos los empleados. En la dimensión interpersonal el líder se apoyó en los gerentes de cada país. A pesar de las distancias geográficas y la diversidad cultural, el CEO no cedió a la tentación de basar todas las comunicaciones en medios y mensajes no presenciales. Por el contrario, decidió darle prioridad estratégica a las comunicaciones

---

57. Dimensiones metodológicas del Sistema de *Comunicación 1A*.

orales en cascada. De tal manera, los trabajadores de cada país se informaban primero por sus jefes y luego recibían la comunicación global alineada, proveniente de Inglaterra. Para favorecer este proceso el área de Recursos Humanos impulsó dos programas de capacitación con modelos de comunicación interna. Uno para los gerentes de cada país y otro para quienes desempeñaban la función de comunicación interna, tanto para el departamento que opera en la casa matriz en el Reino Unido como para los departamentos que operaban en los distintos países.

En la dimensión intrapersonal, el CEO decidió hacer un entrenamiento individual para mejorar su propia comunicación. A través de sesiones mensuales se entrenó en las tres dimensiones metodológicas citadas, incorporando herramientas para la gestión de su palabra escrita, oral y pensada[58]. En cada reunión trataba primero los temas urgentes de comunicación para el negocio y luego se abocaba a una dimensión particular. En las reuniones de *palabra escrita* profundizaba en el significado de los mensajes de la estrategia de negocio, buscaba ejemplos reales de la gestión que los ilustraran y mejoraba las definiciones valiéndose de herramientas de redacción creativa. En las reuniones de *palabra oral* planificaba y evaluaba la comunicación en cascada, midiendo la interpretación que hacían de sus mensajes el resto de los líderes organizacionales en los cuarenta países. Monitoreaba la calidad de la escucha para determinar el significado que los diferentes mercados le daban a sus palabras. Sabía que la decodificación de los empleados rara vez coincidía con la codificación inicial, más aún en comunicaciones globales. Aprendió que una de las claves para que los trabajadores *escuchen* lo mismo que la organización *emite* era narrar con significado, profundizando la semántica de las metas y objetivos.

---

58. Programa de Tutoría del Sistema de *Comunicación 1A*.

Cuando el CEO hallaba una discrepancia entre lo que la oficina de Inglaterra *emitía* y lo que los distintos países *escuchaban*, recurría a herramientas para minimizar la brecha. Una de ellas era evitar palabras disonantes o que tuvieran distinto significado. Entre las medidas que tomó en este sentido, dejó de usar la palabra "estrategia". También pidió a sus reportes y al resto de los roles de conducción que evitaran ese vocablo, hasta que todos pudieran significarlo con mayor precisión y asegurar un sentido único entre los líderes de la compañía. Detectó que los gerentes y jefes de los países le daban un valor semántico muy dispar a esa palabra y que multiplicaban perniciosamente esos significados en las cascadas. Para sortear estas brechas –acentuadas por las diferencias idiomáticas y culturales, sobre todo en países asiáticos– el directivo pidió profundizar el entrenamiento en el uso de metáforas, convencido de que serían claves para reforzar de manera lateral los conceptos centrales. Finalmente comprobó que sus reportes le daban mayor sentido a los objetivos cuando estos se ilustraban con metáforas. Así, países como China, Turquía o Pakistán lograban extraer mejor el significado de las directivas globales, y sus gerentes luego se valían espontáneamente de estas figuras retóricas para generar las cascadas.

Una de las formas a las que apeló para ilustrar los diferentes significados que podía tener una misma palabra fue la metáfora del *oso polar*. El CEO refirió que esta especie animal había desarrollado una propiedad en la vista para poder sobrevivir en el inhóspito territorio ártico. El color blanco de aquel paisaje, que para el ser humano parece monótono, para el oso polar es una paleta de cincuenta tonalidades diferentes. La metáfora le sirvió para transmitirle a sus reportes que para sobrevivir y desarrollarse como empresa global en cuarenta territorios distintos sería muy importante tener precisiones en el significado de las palabras centrales que usaban para comunicación interna. Así como para el oso polar era indispensable distinguir los distintos tonos de blanco, resultaba clave para la compañía establecer el significado profundo que le daban, por ejemplo, a la palabra "estrategia".

Otro modo que usó para significar las comunicaciones internas globales fue el uso de películas. Seleccionó escenas cortas de diferentes clásicos del cine para impulsar los mensajes más importantes de la compañía, entre los que estaba la *visión, misión y valores*. El filme *1492* de Ridley Scott fue uno de los que más utilizó para transmitir los valores. Las escenas de Colón ante la corte española y las del descubrimiento de América le aportaron mayor significado a los objetivos organizacionales. En este proceso, halló numerosas metáforas, ejemplos y figuras para lograr narraciones significantes, aunque algunas de ellas no trascendieron a la organización, porque las reservó para él mismo, a su dimensión intrapersonal. En las sesiones más avanzadas de su entrenamiento en la *palabra pensada* investigó el significado que, como máxima autoridad, podía transmitir con las palabras *no dichas*. El trabajo se concentró en dimensionar el alcance que podían tener sus pensamientos en la organización, más allá de que nunca los manifestara oralmente o por escrito.

El CEO intuía que ningún pensamiento era inocuo. Ni para la misma persona ni para su entorno. En las sesiones intrapersonales, junto a sus asesores, buscaron respaldo científico a su intuición. El punto de partida fue el primer axioma de la comunicación humana, el cual afirma que para un ser humano *es imposible no comunicarse*. El aporte de Watzlawick indicaba que los pensamientos del CEO también podían influenciar en la estrategia de comunicación de la organización. Un pensamiento, una reflexión, una profundización semántica, una acción solitaria mantenida en secreto, llegaría a la organización de todas formas. Desde el punto de vista metodológico, el modelo intrapersonal con el que se estaba entrenando también afirmaba lo mismo. Un nivel de significado positivo y profundo en la comunicación intrapersonal del líder favorece a todos los integrantes de la organización.

En un trabajo intensivo en Inglaterra que requirió tres días de entrenamiento, el CEO profundizó en el significado que tenía para él, de manera personal, la estrategia de la compañía. Utilizó metáforas, películas, relatos y ejemplos históricos para dar con un significado único e individual de por qué era él –y no otra persona– quien estaba en ese puesto, en ese momento de la compañía y en ese contexto global. Las mismas preguntas mayéuticas que se había realizado en la dimensión institucional e interpersonal, se las hizo de manera intrapersonal: ¿qué tenía que aprender en ese puesto?, ¿qué tenía para dar desde su rol?, ¿qué fortalezas personales lo habían llevado a ese lugar?, ¿qué debilidades individuales debía superar para tener éxito en aquello que nunca había hecho?, ¿qué quisiera decirse a sí mismo el día que terminara su gestión?, ¿cuál querría decir que había sido su mayor logro?, ¿qué dirían los accionistas de su gestión luego de unos años?, ¿cómo lo recordarían los empleados en una o dos décadas?

A veces, en un contexto de negocios demasiado pragmático este tipo de consideraciones son muy poco estimadas. Pero en este caso se trataba de un ingeniero con mucha experiencia de campo, en una compañía centenaria, bien afianzada en el mercado mundial, por lo que los aspectos intrapersonales de la comunicación eran atendidos con la misma profundidad que los sistemas interpersonales e institucionales. La influencia que tienen los integrantes de un sistema organizativo sobre la organización misma ha sido demostrada por distintas corrientes y teorías científicas. Los integrantes *crean* a sus organizaciones, y no solo al interactuar o comunicarse de manera manifiesta. También lo hacen de modo latente, con sus pensamientos o palabras *no*

III - IMPLEMENTACIÓN

dichas. La cibernética, y en particular la de segundo orden, es solo un ejemplo de las muchas teorías que demuestran la influencia que tiene el observador sobre los fenómenos observados[59]. El significado personal que le da un líder a la tarea que realiza es acaso la primera forma de energía en la usina que genera sentido laboral en una organización.

La sesión de tres días de trabajo le dejó una sensación muy positiva al CEO. Sin haber emitido ningún mensaje manifiesto, sintió que igualmente había mejorado la comunicación en toda la empresa. A través de una metáfora, dimensionó el alcance que pueden lograr los mensajes intrapersonales dentro de una organización. Conjeturó que las diferentes líneas jerárquicas multiplicaban su influencia en la comunicación interna a medida que ascendían en la pirámide organizacional. Por ejemplo, el impacto de los pensamientos de un colaborador de la base organizacional, se podría multiplicar por *uno* dentro de la empresa; la marca que provoca la palabra pensada de un jefe, se multiplicaría por *diez*. La influencia que genera un gerente con sus pensamientos, se podría multiplicar por *cien*. Y el impacto que produce un gerente general con su comunicación intrapersonal, se multiplicaría por *mil*. Darle un significado personal profundo y positivo a su palabra pensada también era una cuestión estratégica para el negocio.

---

59. La cibernética de segundo orden, postulada por Heinz Von Foerster, dio los fundamentos para una teoría del observador, de importante influencia en el campo de las teorías sociales.

| Planificación | Escuchar primero |
| | Capitalizar las quejas |

Implementación	Ordenar la emisión
	Narrar con significado
	5▶ Ofrecer la palabra

| Evaluación | Medir los logros |
| | ¿Y el cuadro de resultados? |

5) OFRECER LA PALABRA

Cuando las compañías presentan sus casos de comunicación interna en congresos y conferencias, es común que compartan estrategias basadas fundamentalmente en medios remotos y en mensajes no presenciales. Rara vez exponen estrategias centradas en comunicaciones interpersonales, con logros forjados a partir de conversaciones y espacios de intercambio con los empleados. La quinta premisa recuerda la potencia que tiene este accionar en la planificación. La notable ausencia de conversaciones planificadas que presenta actualmente la gestión de la comunicación en las organizaciones hace que la instancia de *ofrecer la palabra* deba ocupar un lugar prioritario como premisa. Acaso la inercia de los paradigmas tradicionales, nacidos hace casi un siglo con las carteleras, los boletines y las revistas internas, sigue relegando los intercambios orales como alternativa de mejora, dejando de lado el diálogo como táctica central del plan anual de comunicaciones.

En teoría, las organizaciones nunca rechazan el aporte que el diálogo hace a la comunicación interna, y cuando se las consulta, lo ponderan como prioritario. No obstante, en la práctica rara vez planifican conversaciones como parte del plan, por más que las mejores prácticas demuestren basarse en la premisa de *ofrecer la palabra*. En otras ramas de la comunicación los *modelos conversacionales* están generando muchas ventajas al valerse de esta premisa. Es sabido que los medios de prensa, por ejemplo, logran noticias con material que producen sus lectores[60]. De no primar aún viejos patrones en la gestión, los modelos conversacionales aplicados en comunicación interna podrían ayudar a las organizaciones a crecer y mejorarse. La experiencia demuestra que todavía son pocas las empresas que deciden utilizar estos principios como parte de sus estrategias de comunicación laboral. Sin embargo, es muy importante tener en cuenta la efectividad que pueden alcanzar cuando los emisores formales del plan son los mismos trabajadores, utilizando sus propias palabras.

La campaña de los empleados

Todos salen en la foto

En una compañía multinacional presente en la Argentina, vinculada al rubro de la salud, surgió la necesidad de comunicar la nueva visión que había enviado la casa matriz desde Alemania. Para llevar a cabo esta meta, la gerente de Comunicaciones planificó una estrategia para que los nuevos lineamientos de la oficina central fueran comunicados por los mismos empleados. La empresa tenía poco más de doscientos integrantes. Para la estrategia, la profesional

---

[60]. "El periodismo debe virar hacia un modelo conversacional", entrevista a Steve Outing, editor del Poynter Institute, en www.lanacion.com.

decidió hacer un lanzamiento general de la nueva visión y luego reforzar, a lo largo de dos meses, con una campaña hecha por los mismos trabajadores. Basó todo el proceso en la premisa de *ofrecer la palabra*.

Para llevar a cabo su propósito dividió la nómina de empleados en ocho grupos, de aproximadamente treinta personas cada uno. Como la premisa requería comunicaciones presenciales con intercambios de palabra oral, cada viernes asignaba a un grupo distinto una actividad de comunicación interna fuera de la compañía. Al comenzar la jornada, los empleados recibían los detalles que habían enviado de Alemania sobre la nueva visión empresarial. Una vez notificados sobre las novedades se les ofrecía la palabra y, a través de juegos de dinámicas de grupo, los trabajadores expresaban su punto de vista. Finalmente, el coordinador de la actividad hacía un resumen de todas las opiniones.

Luego de un café, los participantes volvían a la sala y comenzaban a trabajar con el fin de hacer "su propio póster" de la nueva visión de la compañía. El grupo se dividía en tres, con un líder en cada tercio. El primer subgrupo debía definir la visión con una *metáfora* de pocas palabras, el segundo debía *dibujar* esa metáfora, y el tercero debía *escribir un texto* breve, a través del cual debía relacionar la metáfora con el dibujo. Por último, un diseñador gráfico tomaba los tres conceptos y hacía un póster en su ordenador: la metáfora era el título, el dibujo era la imagen central y el texto era la bajada o explicación del afiche. Para cerrar su trabajo, el diseñador sumaba una foto de todo el grupo con un epígrafe que indicaba los nombres de cada uno. Durante los dos meses siguientes, cada afiche formó parte de una campaña que se renovaba semanalmente en distintos lugares de la empresa. Los mismos empleados comunicaron a sus compañeros la nueva visión de la empresa y en espacios informales le anticipaban el proceso a quienes aún no habían participado, animándolos a formar parte del proyecto.

Las organizaciones que buscan trascender los paradigmas tradicionales de comunicación interna están comenzando a basarse en modelos conversacionales para darle mayor potencia a sus estrategias. En la siguiente premisa, volveremos a estos modelos con un caso de estudio basado en una dinámica similar, pero con mayor evolución en los mensajes. En esas prácticas, los trabajadores ya no solo transmiten la visión o algún objetivo puntual de la organización, sino que generan afiches para comunicar un autodiagnóstico de comunicación interna. En ese caso, veremos un avance en los mensajes elaborados por empleados de distintos sectores, ya que en ellos hablan de su propia calidad como comunicadores y de los aspectos comunicacionales que reconocen que deben mejorar como equipo para aportar a una mejora colectiva de la comunicación en toda la empresa.

Una cuenta mal hecha

Conversar en el trabajo es perder el tiempo

Las organizaciones que se encuentran a la vanguardia en prácticas de comunicación interna saben que después de emitir sus directivas resulta clave planificar espacios de intercambio con los colaboradores. No obstante, la gran mayoría no pone en práctica la premisa de *ofrecer la palabra*, acaso creyendo que eso les permite evitar *pérdidas de tiempo*. La argumentación racionalizada y general es que con la intranet, las carteleras y la revista es más que suficiente para que todos los empleados se enteren, por ejemplo, de la nueva visión de la compañía. Pero una comunicación interna integrada no solo apunta a que los empleados se *enteren* de los nuevos horizontes empresariales. Como vimos en la premisa anterior, buscará su *compro-*

miso y su *accionar* alineado con la nueva visión. Es cierto que promover conversaciones en la organización requiere una importante inversión en tiempo. Pero la experiencia indica que las acciones tradicionales no lo ahorran en absoluto. Solo hacen mal la cuenta.

Las mediciones integradas respaldan estos conceptos señalando que los empleados pueden repetir al pie de la letra el enunciado de la visión de la empresa, pero no sentirla como propia ni llevarla a cabo en su tarea diaria. Esto demuestra que el poco tiempo y presupuesto que toma notificar a los trabajadores también genera poco beneficio. La cuenta mal hecha tal vez se deba a otro de los *mitos* que suelen aparecer en la gestión tradicional, aquel que asegura que *conversar en el trabajo es perder el tiempo*[61]. Esta semiverdad, más presente en el ámbito laboral de lo que en general se sospecha, resulta muy dañina para la gestión profesional de comunicación, ya que no permite ponderar las conversaciones como un canal importante de toda la red de medios que comúnmente usa el departamento especialista para emitir sus mensajes. Este mito tampoco deja analizar que ciertas conversaciones tienen mayor valor que otras dentro de la organización, y evita toda clasificación y calificación de intercambios presenciales con los empleados.

La cuenta bien hecha sería la siguiente: mientras más estratégicas sean las directivas que se deben comunicar, mayor necesidad tendrá la organización de *ofrecer la palabra* posteriormente, puesto que son sus trabajadores quienes las harán realidad. En la premisa anterior vimos que el significado puede hacer que los empleados respondan con acciones. En comunicación interna, los mensajes se vuelven *actos* cuando se promueve la participación. Por eso *ofrecer la palabra* es una alternativa que, haciendo bien los cálculos, le hace ahorrar mucho tiempo y dinero a la organización. No

---

[61]. Se recomienda ver el video "Conversar en el trabajo no es perder el tiempo", en www.comunicacion1A.com.

solo cuando participan los empleados, los jefes o los gerentes, sino incluso al involucrarse el sindicato. En la práctica, hay muy buenas experiencias de comunicación interna que se basan en la quinta premisa y que incluyen al gremio. Veamos un ejemplo que ilustre mejor este punto.

El caso del sindicato

La comunicación, un jefe en común

Una organización manufacturera que opera en México, líder en su rubro y parte de una corporación internacional, decidió enmarcar las acciones de comunicación interna sumando a los integrantes del sindicato como emisores. Se propuso generar un plan de comunicaciones basado en la premisa de *ofrecer la palabra* incluyendo al gremio debido a que la mayor parte de los trabajadores estaban sindicalizados. Pero para alcanzar esta ambiciosa meta tuvo que atravesar varios desafíos previos. Entre ellos admitir que no había posibilidad de generar una comunicación interna realmente integradora dejando afuera a los miembros del comité sindical.

Unos años antes, la encuesta de clima había arrojado que la comunicación interna era una clara oportunidad de mejora. La organización no contaba por entonces con un sector específico para coordinar las comunicaciones y parte del trabajo posterior a aquella encuesta fue diseñarlo dentro del área de Recursos Humanos. Para el primer año de planificación la empresa comenzó implementando un diagnóstico integrado, pero allí aparecieron las primeras barreras. El sindicato no permitió que los profesionales de Recursos Humanos realizaran escucha presencial con los trabajadores de la planta industrial. En la historia de la corporación este impedimento estaba instalado como política y hasta el momento nunca se había cambiado. Todas las comunicaciones al personal operario estaban centralizadas por el sindicato.

De tal manera, durante la instancia de *escuchar primero*, los empleados solo respondieron las encuestas escritas sin pasar por espacios de escucha presencial. Del diagnóstico final surgió que el comité sindical era un actor indispensable para integrar las comunicaciones y que el diseño de la estrategia de comunicación interna debía incorporarlo como tal. Para comenzar a trabajar en este objetivo, la Gerencia de Recursos Humanos optó por la táctica de *ofrecer la palabra*. Decidió generar una serie de juntas con el comité sindical para conocer su opinión y comenzar a integrarlo al nuevo proceso de comunicaciones. El acercamiento al sindicato fue cauto y planificado, en un proceso de reuniones pautado en dos instancias. La primera para ofrecerles la palabra y escuchar sus inquietudes, y la segunda para compartirles una propuesta que permitiera integrarlos al proceso.

A la primera reunión asistieron dos integrantes del área de Recursos Humanos, tres del sindicato y dos profesionales externos de la consultora de comunicación interna. Durante los primeros minutos, el clima era de tensión. El presidente del comité sindical comenzó a hablar con voz serena, pero distante, aunque por sus palabras dejó claro que le daba importancia a la comunicación como herramienta laboral. Sin embargo, el intercambio era frío, y cuando hablaban los consultores los miembros del sindicato se comunicaban con gestos y señas entre ellos. Cuando intervenía la gerente de Recursos Humanos para realizar algún comentario, ningún miembro del comité la miraba a los ojos. Esto parecía una maniobra premeditada para establecer distancia o marcar un espacio territorial. Daba la sensación de que habían preparado roles precisos para la reunión y que los mensajes que estaban emitiendo habían sido diseñados y consensuados previamente.

Al comprobar que había una real actitud de escucha por parte de la empresa, comenzaron a realizar algunos movimientos sutiles con la cabeza y las manos, connotando un significado positivo. La tensión del inicio empezó a ceder y poco a poco fueron hablando más abiertamente. La gran duda era si la empresa alguna vez podría generar espacios de escucha presencial con los operarios. Aunque no lo dijeron de manera directa, dio la impresión de que no darían lugar a comunicaciones presenciales con el personal de planta. No obstante, ciertas señales indicaban que estaban gratamente sorprendidos por el espacio interpersonal que tenían en ese momento con la empresa. Aún no había que descartar que la premisa de *ofrecer la palabra* pudiera dar frutos.

Si se lograba trabajar en conjunto seguramente los resultados serían óptimos. Como corolario del primer encuentro los profesionales de Recursos Humanos dijeron que profundizarían en lo que habían escuchado y que prepararían una próxima reunión para hacerles una propuesta de mejora en las comunicaciones. La nueva encargada de Comunicación Interna dijo que había que trabajar para un nuevo *jefe*, que no fuera la empresa, ni el gerente general, pero tampoco el comité sindical. Les propuso como nuevo *jefe* para todos a "la comunicación". Y agregó que ella había querido dar el primer paso generando este espacio de diálogo. Estas palabras causaron buen impacto en los asistentes y la reunión terminó con una actitud colectiva de colaboración. Los miembros del sindicato eran trabajadores con experiencia y sabían que un buen planeamiento de la comunicación era una herramienta clave para mejorar el lugar de trabajo.

Pasó un mes y se realizó la segunda reunión. La encargada de comunicaciones presentó los principales emergentes del diagnóstico de comunicación interna y mostró diferentes oportunidades de mejora. Finalizada la presentación, el área de Recursos Humanos planteó la propuesta más desafiante para el gremio: generar espacios de escucha presencial con personal operativo. La intención era conocer la opinión espontánea de los trabajadores sobre el estado de la comunicación interna. La propuesta incluía que en estas sesiones de escucha participaran dos miembros del comité sindical y dos integrantes del área de Recursos Humanos. Las mismas sesiones se realizarían periódicamente para tener tendencias a lo largo del año y monitorear resultados.

Luego de varias preguntas y algunas negociaciones, el comité sindical aprobó la propuesta. La reunión fluyó por carriles normales y realizaron un primer ejercicio conjunto para organizar los grupos iniciales de escucha. El sindicato solicitó estar a cargo de la selección de los operarios que participarían en los encuentros y también requirió que las invitaciones a cada trabajador corrieran por su cuenta. El área de Recursos Humanos aceptó el pedido, pero solicitó que el sindicato los acompañara en el proceso de análisis. Acordaron que luego de cada actividad se quedarían más tiempo para compartir los resultados, y que periódicamente se reunirían para analizar las tendencias en conjunto y pensar iniciativas para accionar en las necesidades que surgieran.

Luego de la primera semana de escucha presencial apareció una señal que indicó que la estrategia estaba en el rumbo correcto. Fue un comentario de uno de los integrantes del sindicato que había participado como representante del comité en una actividad. Fue una reflexión para sí mismo, pero dicha en voz alta: "ahora que estuvimos participando acá tenemos que ayudar a dar respuestas…". En ese momento, los profesionales de Recursos Humanos sintieron que la estrategia estaba funcionando. El autor de la frase era un empleado con muchos años de antigüedad en la organización y una autoridad clave del comité sindical. Con los meses, terminó siendo un aliado del proceso de mejora de la comunicación interna, junto con el resto del comité. Al año ya participaba activamente en la búsqueda de soluciones de comunicación juntamente con el presidente de la empresa.

Luego de dos años de colaboración las iniciativas fueron sucediéndose de acuerdo con lo planeado. El proceso de escucha, análisis, búsqueda y consenso de propuestas se tornó un círculo virtuoso que fue adquiriendo su propio ritmo. Ante el comité sindical, Recursos Humanos siempre mantuvo la premisa de *ofrecer la palabra*. Como símbolos de esta decisión aparecieron espacios de trabajo compartido impensados antes de este proceso. Dos en particular mostraron un antes y un después: por un lado, varios editoriales de la revista interna institucional firmados por el líder del comité sindical y, por el otro, la participación del presidente de la empresa, como invitado, en la asamblea anual del personal sindicalizado.

Poco tiempo después, en el marco de un encuentro anual de la compañía donde todas las áreas presentan los resultados y los objetivos del siguiente año, los profesionales de Recursos Humanos y los miembros del comité sindical volvieron a compartir una mesa. El comité había sido especialmente invitado a presenciar esta acción de comunicación. Uno de los asistentes era aquel miembro del comité que al salir de las primeras actividades de escucha mostró su compromiso en la búsqueda de soluciones. Durante la actividad, recibió un reconocimiento por sus cuarenta años de antigüedad en la empresa. En la mesa brindaron y compartieron una sabrosa comida mexicana. Esta vez no hubo señas codificadas, y los gestos transmitían la certeza de que seguirían trabajando juntos para el mismo "jefe": la comunicación.

Un objetivo muy preciso

Reunirse a dar vueltas

Las organizaciones más sensibles en materia de Recursos Humanos saben que una forma muy concreta de generar mayor motivación en los trabajadores es a través de estrategias de comunicación presencial. Estas instituciones sustentan sus planes de comunicación interna en modelos de dimensión interpersonal, ya que saben que a través de una gestión precisa de la palabra oral alcanzan un compromiso más profundo en los empleados. No ignoran que en los intercambios realizados cara a cara el *significado* encuentra mejores cimientos que en los medios remotos o en la palabra escrita. Los espacios de diálogo planificado son ideales para darle mayor sentido a los mensajes institucionales. Y *ofrecer la palabra* después de *narrar con significado* es un proceso que refuerza esas narraciones, incluso cuando los colaboradores responden con desacuerdos y sus primeras reacciones no son favorables.

Cuando los empleados pueden expresarse oralmente en espacios oficiales sobre los mensajes que propone la organización, y no solo a través de encuestas, hacen crecer el significado de esos mensajes. Los intercambios presenciales a través de conversaciones son una usina muy poderosa que multiplica la energía que le da sentido al trabajo. Si reparamos en el sonido de la palabra "conversación" es posible encontrar una similitud con el vocablo "conversión", lo que parece sugerir que a través de este tipo de intercambios las personas pueden "convertirse". Etimológicamente, la palabra *conversar* sería "reunirse a dar vuelta" (*con*: reunión - *vertere*: dar vuelta). Al asignar espacios de conversación planificada dentro de la estrategia de comunicación interna, los participantes de las reuniones dan vuelta sobre un tema. Ese proceso los convierte inexorablemente en *protagonistas* de dichos temas. Tanto partidarios como detractores generan con su conversación un futuro más próspero y un horizonte más amplio para toda la organización.

Un caso de comunicación en cascada

El salmón contra la corriente

Al *conversar* y *dar vueltas* sobre los temas estratégicos la organización comienza una transformación muy positiva. Con la quinta premisa, los mensajes orales de la dirección que descienden en cascada dejan de ser solo una *bajada de línea*. Al ofrecerle la palabra a los equipos de trabajo, se quiebra la inercia negativa de los paradigmas tradicionales porque los colaboradores dejan de ser meros *receptores*. Cuando un trabajador puede hacer comentarios en un espacio formal que el jefe propicia, sale del anonimato de las encuestas y comienza a protagonizar las comunicaciones. Se convierte en un emisor formal y en ese mismo acto el trabajador crece en madurez comunicativa y, por ende, hace madurar a su jefe y a todos sus compañeros de equipo. Así, con las conversaciones, la organización comienza a *convertirse*.

Para asegurar estas instancias ya no solo será necesario que los jefes aprendan a *narrar con significado*, sino que también será menester que se entrenen en el arte de *ofrecer la palabra*. Las herramientas de capacitación para los roles de conducción, en este caso, deben apuntar al dominio emocional, para que aprendan a escuchar disensos y contrapropuestas, venciendo el temor lógico que genera la incertidumbre de abrir a conversaciones con su equipo para que opinen de ciertas directivas. Los talleres en habilidades de comunicación interna interpersonal deben ayudarlo no solo a ser un buen emisor, sino también a convertirse en un buen escuchador. A través de estas herramientas, podrá tomar coraje y pasar a ser *un salmón contra la corriente*, permitiendo que los mensajes que elaboran los empleados también asciendan por la cascada.

Veamos un ejemplo para ilustrar mejor cómo esta premisa puede aportar beneficios a la comunicación descendente. En una compañía japonesa de corte industrial presente en Latinoamérica, se realizó un programa de comunicación para líderes que tomó dos años y llegó a todas las líneas jerárquicas de la empresa. La primera medida que implementó esta compañía fue *escuchar primero,* a través de un diagnóstico integrado. Con los primeros indicadores descubrió que debía hacer una intervención en la comunicación oral de cascada. Una parte importante de las comunicaciones a los empleados era presencial, a través de los roles de conducción. Sin embargo, esta política –a priori muy positiva– arrojó indicadores preocupantes en el diagnóstico integrado. A pesar de ser de dimensión interpersonal, la estrategia tenía una fuerte influencia del paradigma tradicional.

La compañía tenía colaboradores diseminados en diferentes plantas industriales, por lo que la comunicación oral en cascada resultaba clave para reforzar los mensajes genéricos. Aun así, el diagnóstico advertía que los encuentros cara a cara estaban más cargados de *información* que de *significado.* En cada reunión hablaba el jefe con precisión y detalle, pero el mismo diseño de reuniones no proponía espacio para preguntas o intercambios. Siempre había *poco tiempo* para profundizar. Esta situación se hacía más notoria mientras más se descendía en los niveles jerárquicos de la cascada. Los equipos de las últimas líneas directamente no hablaban en los encuentros. En la rutina cotidiana, estas reuniones se hacían demasiado previsibles y gradualmente los trabajadores iban perdiendo interés en los mensajes que recibían. Con el tiempo, la mayoría de los empleados, al comprobar que no serían consultados, simplemente dejaban de escuchar. Las causas de esta situación habían sido difíciles de diagnosticar a través de las mediciones tradicionales, porque se monitoreaba el proceso con planillas completadas por los mismos jefes.

Los supervisores respetaban el tiempo que se destinaba a las reuniones, los trabajadores siempre asistían y todos cumplían el procedimiento de las cascadas. Los mensajes eran transmitidos en el lugar adecuado, por quien debía emitirlos, a quienes debían recibirlos, en el tiempo establecido. Y a pesar de todas estas garantías, eran recibidos de manera deficiente. Para revertirlo, la opción más precisa fue *ofrecer la palabra*. Al implementar una técnica conversacional la situación cambió por completo, aún sin ampliar la duración de las reuniones. La propuesta fue que el supervisor eligiera al azar a un miembro del equipo en cada reunión y pidiera su opinión sobre los mensajes recibidos. El hecho de hacer participar por lo menos a un trabajador en cada encuentro hizo que el resto de los compañeros eleven el nivel de atención. La estrategia del *salmón contra la corriente* dio frutos inmediatos. Todos los equipos elevaron su nivel de atención, no solo porque escuchaban a un compañero hablando de los objetivos de la empresa, sino porque sabían que en cualquier momento ellos también podían ser consultados.

Promover conversaciones

Incluso en la incertidumbre

Cuando la organización comienza a vencer el temor a *ofrecer la palabra* debe intentar aplicar esta premisa en situaciones más complejas, con el fin de aumentar las habilidades comunicativas de sus líderes y de su departamento especialista. Acaso la situación más difícil para promover conversaciones en comunicación interna sea un contexto de incertidumbre. En general, en estos casos la tendencia del mercado es restringir la comunicación oficial, acaso con la vana esperanza de no generar mayor confusión en los empleados. Pero, como sabemos, el silencio también es comunicación y, en las situaciones donde ese silencio es oficial, lo único que se logra es aumentar la incertidumbre. Como veremos en el siguiente caso de estudio, sucedido en una fuerte crisis económica en la Argentina, la premisa de *ofrecer la palabra* puede resultar una excelente opción para minimizar la perplejidad general. Para lograrlo, los líderes organizacionales y los comunicadores profesionales deben entrenar e incorporar herramientas que les permitan vencer el temor de aplicar esta premisa. Una clave del entrenamiento es aprender a leer empáticamente las emociones de los empleados.

CASO DE ESTUDIO

Ofrecer la palabra en una crisis

Cuando nadie sabe qué comunicar

A finales de 2001, un quiebre político-económico afectó con fuerza a la República Argentina. En medio de una crisis financiera sin precedentes, conocida en algunos países latinoamericanos como "efecto tango", el gerente general de uno de los bancos más importantes del país generó una estrategia de comunicación basada en la premisa de *ofrecer la palabra*. Por sus diversas implicancias, y también por sus enseñanzas, este caso es realmente digno de ser compartido. Muchos años después del suceso, aquella estrategia aún inspira a líderes y comunicadores para abrir espacios de diálogo en instancias de mucha incertidumbre para la organización y sus empleados.

El trance político generado a fines de 2001 tras la renuncia de Fernando de la Rúa a la Presidencia de la Nación, derivó en una fuerte depreciación de la moneda nacional, lo que provocó una escasez de dinero líquido sin precedentes en aquel mercado. Esta situación produjo una de las crisis financieras más agudas en la historia de la Argentina, ya que todos los ahorros y depósitos de la ciudadanía fueron retenidos en los bancos. El sistema financiero colapsó y se cortó la cadena de pagos; empresarios, comerciantes, empleados y jubilados no tenían cómo hacerse de su dinero. Las nuevas reglas impuestas por el llamado *corralito* determinaban que los fondos en cuentas corrientes, cajas de ahorro y depósitos en general, no podían ser extraídos por los ahorristas. Incluso los sueldos de los trabajadores se entregaban parcialmente, en pequeñas porciones en el transcurso del mes.

Las entidades bancarias vivieron esta crisis de manera doble. Sus trabajadores, por un lado, debían atender a clientes ofuscados que diariamente reclamaban la devolución de sus depósitos, y por el otro, sufrían las mismas nefastas consecuencias que esos clientes. En la mayoría de los casos los empleados bancarios tenían sus ahorros en el mismo banco en el que trabajaban (además de su salario, que solo podían retirar a cuentagotas). Las imágenes de las cadenas de noticias de todo el mundo mostraban la reacción de los ahorristas ante los bancos en los que habían depositado sus ahorros y su confianza. Durante varias semanas, los empleados que atendían en las ventanillas tuvieron que hacer su trabajo en condiciones muy difíciles. Esta situación solo fue mermando cuando la clientela comenzó a saber que esos trabajadores también tenían sus ahorros dentro del mismo banco, y que estaban sufriendo la misma injusticia que ellos.

En este marco, las entidades financieras tuvieron un desafío de comunicación externa e interna sin precedentes. Ese reto, más que con sus clientes, fue con sus empleados, ya que de puertas para adentro reinaba una total incertidumbre, que provocaba temor y parálisis, mientras que de cara al público, había poco para decir y solo se recibían quejas, improperios y agresiones. Los clientes hacían largas colas juntando énfasis para llegar a la ventanilla a hacer sus reclamos, mientras que los empleados debían escuchar, tratar de comprender, y finalmente decir que no podían devolver los ahorros. En términos de comunicación externa, uno de los principales comunicadores de las entidades bancarias eran estos empleados, por lo que toda comunicación interna previa tenía mayor trascendencia de lo normal. Se necesitaba mucha energía para hacer frente a esa situación y algunos líderes bancarios hallaron en la comunicación interna la usina para generarla.

Durante los años previos de su gestión, el gerente general de este caso se había ganado el respeto de los empleados a través de distintas acciones realizadas juntamente con el área de Comunicaciones. Si bien había logrado una buena imagen interna, el directivo no ignoraba que en ese momento los empleados *no creían en nada ni en nadie*. Comprendía que el hecho de que el presidente de la Nación renunciara a su cargo, dejando el país a la deriva, repercutía en todos los modelos de autoridad. No se trataba solamente de una cuestión política y económica nacional, también estaba en crisis la confianza básica hacia cualquier forma de jerarquía. A pesar de ese marco adverso, el directivo probó su coraje para *ofrecer la palabra*, generando una acción de comunicación en la que él mismo fue quien escuchó a los trabajadores. Junto con el Departamento de Comunicaciones organizaron desayunos semanales donde él era el anfitrión e invitaba prioritariamente a los empleados que estaban realizando la atención al público.

El gerente general decidió esta acción sin tener nada concreto para asegurarle a los trabajadores. Sin embargo, se arriesgó igual. No ignoraba que durante el desayuno los trabajadores le harían muchas preguntas para las que él no tendría respuestas (en realidad, nadie las tendría). La Argentina aún no contaba con un gobierno estable, solo habían asumido varios presidentes interinos que renunciaban de inmediato al no atinar una solución para que el país volviera a la normalidad. Ante semejante incertidumbre política, ningún empresario o directivo organizacional podía prometer nada con certeza. Frente a los trabajadores del banco, el gerente general tendría muy poco para asegurar. Por su parte, el Departamento de Comunicaciones sabía que no había fuentes de información confiables como para redactar un mensaje que llevara certidumbre a los trabajadores. Todo dependería del entrenamiento en la escucha que había alcanzado el directivo hasta ese momento y de la efectividad que lograra la premisa de *ofrecer la palabra*.

Al primer desayuno asistieron, según lo previsto, veinte trabajadores de sucursales y, como era de suponer, aparecieron las preguntas que no tenían una respuesta satisfactoria. Algunas de ellas fueron: *¿El banco se irá del país?, ¿Recibirá apoyo gubernamental?, ¿Devolverá los depósitos a sus ahorristas?, ¿Y a sus empleados?, ¿Habrá despidos?, ¿Se bajarán los salarios?, ¿Cuánto durará la crisis?* El gerente fue contestando con serenidad, consciente de que sus respuestas eran insuficientes. Todas las preguntas fueron respondidas con respeto y empatía, pero el concepto central que transmitía cada respuesta era siempre el mismo: "No sé". Palabras más, palabras menos, las frases del gerente general no daban ningún tipo de certeza. Sin embargo, contra todos los pronósticos, a medida que avanzaba la actividad, comenzó a percibirse cierta confianza en los asistentes. A priori, nadie podía explicar racionalmente lo que estaba sucediendo. Acaso el entrenamiento del directivo en materia de escucha, el empeño que ponía para responder sin faltar a la verdad y la descarga que podían hacer los empleados al preguntar todo lo que desearan, hacía que la situación tomara un cauce positivo. Sobre el final del desayuno, cuando los trabajadores se habían expresado y las preguntas cesaron, el directivo también mostró su calidad de emisor.

Al momento de cerrar la actividad, el gerente general hizo un silencio, repasando rápidamente los apuntes que había escrito durante el desayuno, y luego tomó la palabra. A manera de recapitulación, repitió de memoria casi todas las preguntas que le habían hecho, y mientras las refrendaba miró a cada asistente que la había realizado. En varios casos, mencionó el nombre del colaborador que la había enunciado. En los seminarios de comunicación interna había aprendido que tomar nota de las preguntas no solo serviría como ayudamemoria al momento de responder, sino que también permitía demostrarles a los asistentes su interés por lo que escuchaba. Una vez que repasó las preguntas les dijo a todos: "Quise estar hoy aquí con ustedes para escucharlos y saber de primera mano cómo están viviendo esta angustiante situación. Soy consciente de que las respuestas que he dado demuestran que no sé lo que sucederá. En verdad les digo que nadie puede saber hoy cómo se desarrollarán los hechos. Pero también quise compartir este espacio para decirles lo que sí sé –remarcó estas últimas dos palabras, hizo una pausa y continuó–. Sé que daré todo de mí para que el banco se quede en el país y que devuelva hasta el último centavo de los ahorros, tanto a clientes como a empleados. Sé que mi compromiso es total con la recuperación del banco, y sé muy bien que no quiero que se produzcan despidos ni que se bajen los sueldos". Tomó aire y concluyó con énfasis: "Todo eso sí lo sé".

Las mediciones de esta acción arrojaron muy buenos indicadores. Los asistentes destacaron la franqueza del gerente, dando la cara, sin hacer promesas infundadas y sin dejar de mencionar los obstáculos y adversidades que se estaban presentando. La recodificación posterior que hicieron los asistentes al regresar a cada una de las sucursales también dio índices positivos en las encuestas y generó que otros trabajadores, más reticentes, se sumaran luego a los desayunos. Esta primera actividad fue el modelo de más de cuarenta desayunos que se realizaron durante 2002, logrando en cada ciclo una mejora en la dinámica que también se vio favorecida por algunos signos evolutivos en el contexto político nacional. Finalizada la crisis, este banco logró salir airoso, manteniendo la cartera de clientes, devolviendo los depósitos y sin despedir empleados. En la actualidad, esta compañía financiera ha crecido en todas sus operaciones en la Argentina y se encuentra entre las mejores entidades del país.

IV
EVALUACIÓN

MEDIR LOS LOGROS
¿Y EL CUADRO DE RESULTADOS?

*El hombre que ha cometido un error y no lo corrige
comete otro error mayor.*
Confucio
(551 a.C. - 478 a.C.)

---

*Medir logros también implica detectar errores y desvíos;
todo el proceso resulta clave para el futuro de la organización.*

*El adagio "dime de qué hablan tus empleados y te diré hacia dónde va tu organización"
resume el accionar de esta etapa.*

*Con una medición integrada es posible calcular el grado de alineación
que tienen los trabajadores con los objetivos organizacionales.*

*Las prácticas de vanguardia utilizan diagnósticos integrados
porque a medida que avanzan se les hace más difícil identificar
las brechas a mejorar.*

*Pero saben que al trabajar en esas pequeñas brechas pueden lograr
que su gestión impacte también en el cuadro financiero
de la organización.*

Planificación	Escuchar primero
	Capitalizar las quejas

Implementación	Ordenar la emisión
	Narrar con significado
	Ofrecer la palabra

Evaluación	**6** *Medir los logros*
	¿Y el cuadro de resultados?

6) MEDIR LOS LOGROS

La sexta premisa recomienda volver a aplicar una métrica para evaluar la efectividad del proceso de *Implementación* realizado hasta el momento. En la premisa inicial (*escuchar primero*) se aplicó una medición para iniciar la etapa de *Planificación*, y en esta instancia se miden los logros para cerrar el proceso con la etapa de *Evaluación*. Si bien estas mediciones son dos momentos estratégicos distintos que están diferenciados en etapas y premisas por separado, resulta indispensable que para *medir los logros* en la etapa de *Evaluación* se aplique la misma métrica que se utilizó para *escuchar primero* en la etapa de *Planificación*. La finalidad de esta repetición es lograr una evaluación comparable con los emergentes surgidos al inicio de la estrategia.

Es por eso que en esta premisa también debe aplicarse una métrica integrada, ya que es el tipo de herramienta adecuada ponderar mejoras profundas en la comunicación interna que se produjeron en las distintas dimensiones, canales y emisores de la organización. Esta medición permite analizar los avances comunicacionales que hicieron los directivos, mandos intermedios, miembros del sindicato, área de comunicaciones y colaboradores en general. Por otra parte, y como observamos en la introducción, es importante recordar que las siete premisas buscan resaltar aquellos aspectos que la gestión tradicional generalmente olvida, desconoce o evita. Retomar este concepto en la sexta premisa es importante porque *medir los logros* suele ser una de las prácticas más relegadas dentro de un plan de comunicaciones. Hemos visto que, de por sí, realizar mediciones específicas de comunicación interna es la práctica menos frecuente del mercado, por lo que escuchar dos veces en un mismo ciclo es aún menos probable.

La sexta premisa potencia fuertemente las estrategias de largo plazo. Cuando se miden los logros con las herramientas adecuadas el Departamento de Comunicaciones propicia que la organización vuelva a aplicar las siete premisas en un nuevo ciclo. Cuando esto sucede, las estrategias subsiguientes toman menos esfuerzo. La repetición de las premisas genera un proceso de mejora continua con resultados sinérgicos que ascienden por una espiral ascendente. Los círculos aumentan su diámetro a medida que dicha espiral se eleva, por lo que la gestión logra mayor alcance en cada ciclo. La sinergia que se alcanza tiene que ver con ciertas características de esta premisa. Cuando la organización mide los logros para evaluar toda la estrategia, también está escuchando para planificar el siguiente ciclo estratégico. Esto quiere decir que en la próxima estrategia, al volver a aplicar la secuencia, ya no será necesario hacerlo con las siete premisas, sino con seis. A partir de la segunda aplicación consecutiva, la gestión hace menos esfuerzo y ahorra un paso: ya no será necesario *escuchar primero* porque cumple esa instancia en la sexta premisa del ciclo anterior. Al *medir los logros,* no solo evalúa lo planificado, sino que anticipa la escucha para volver a planificar.

Oráculo organizacional

Dime de qué hablan tus empleados...

Si en la premisa previa la organización cumplió con la instancia de *ofrecer la palabra*, ahora es el momento de realizar la medición. La evaluación metodológica de las diferentes expresiones recabadas en los espacios de diálogo permitirá calcular el grado de alineación que tienen los trabajadores con los objetivos organizacionales. El coeficiente de alineación que surja de esta métrica será un vaticinio muy preciso de lo que la organización puede esperar a futuro de sus colaboradores en relación con las metas generales que se propone alcanzar. Para expresar las ventajas de este proceso de manera resumida, utilizo el siguiente adagio: "Dime de qué hablan tus empleados y te diré hacia dónde va tu organización"[62].

Hemos observado que cuando los colaboradores pueden conversar en espacios formales sobre los temas que la dirección propone como metas, la gestión de comunicación interna potencia el desarrollo comunicacional, tanto individual como colectivo, dentro de la organización. En segunda instancia, la medición profesional de esas conversaciones, con la correcta interpretación de variables, permite anticipar el futuro de la organización con índices que terminan siendo una suerte de oráculo para los dirigentes de la institución. La palabra de los empleados anticipa el futuro de la empresa porque sus conversaciones *crean* realidades. Tal como señala Rafael Echeverría, *la realidad no siempre precede al lenguaje, este también precede a la realidad*[63]. Por la propiedad generativa que tiene el lenguaje, al evaluar la palabra ofrecida, la organización puede predecir los acon-

---

62. El autor profundiza este adagio en el artículo homónimo, en www.comunicacion1A.
63. Echeverría, Rafael, *Ontología del lenguaje*, Ediciones Granica, Buenos Aires, 2006, pág. 34.

tecimientos que sus integrantes estarán dispuestos a hacer (y a no hacer) en el futuro. De esta manera, contará con precisiones para saber dónde, cómo y cuánto invertir para que, en el siguiente ciclo, los empleados alcancen los resultados que la organización espera.

Para asegurar que este proceso de *creación verbal* beneficie el rumbo de la institución resulta clave *medir los logros*. La aplicación de una métrica integrada en esta instancia ayuda a que la palabra de los empleados sea un "oráculo favorable" para la organización. Es cierto que en el debate de las conversaciones que se promueven en la premisa anterior también surgen desvíos, pero esta evaluación hace posible que la organización pueda atenderlos (en el caso que sean oportunidades o amenazas) o corregirlos (si se trata de debilidades). Al gestionar regularmente con mediciones, el Departamento de Comunicaciones genera un proceso comunicacional cada vez más profesional y confiable. En las mejores prácticas del mercado, la alta gerencia incorpora estos indicadores a su tablero de comando y los índices de comunicación interna integrada pasan a ser una herramienta de "navegación" para sus objetivos.

Brújula directiva

Los puntos cardinales de la evaluación

Para que la premisa *medir los logros* se cumpla de forma cabal, se requiere que la herramienta de medición cumpla con cuatro condiciones indispensables. Las métricas a aplicar deben ser *integradas, sistemáticas, periódicas* y *comparativas*, cuatro propiedades distintivas de la escucha profesional en comunicación interna que, a su vez, pueden ser comparadas con los puntos cardinales que contiene una brújula para guiar a navegantes y exploradores.

Puntos cardinales
¿Cómo son las métricas que permiten medir los logros?

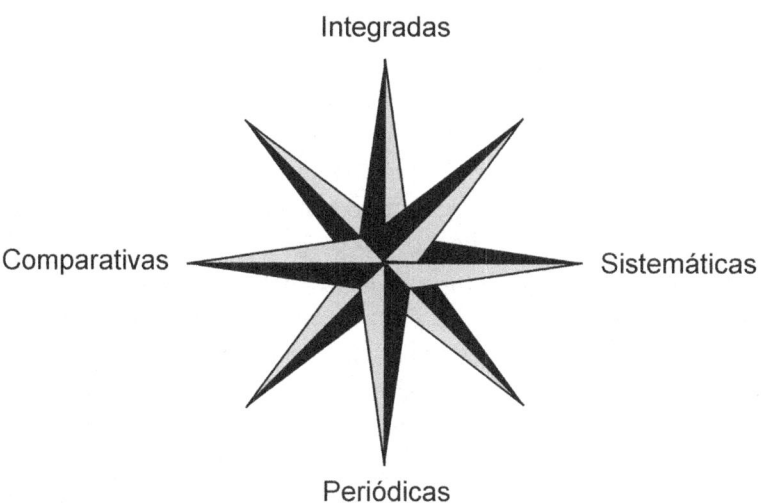

Integradas

Comparativas

Sistemáticas

Periódicas

Las implicancias de cada *punto cardinal* no son difíciles de inferir. Algunas de ellas son propiedades que ya venimos analizando desde el inicio del libro. *Integradas* significa que estas herramientas deben evaluar los mensajes que emiten *todos* los integrantes de la organización, sin excepción. Para que sean *sistemáticas* es necesario que cuenten con el soporte de una metodología de gestión, específica de comunicación interna. La propiedad de ser *periódicas* se la otorga la frecuencia sostenida de aplicación. Y para que sean *comparativas*, es necesario que la herramienta pondere siempre las mismas variables, con el fin de poder contrastar los resultados de los diferentes ciclos en los que se aplican las premisas. Cuando se cumplen estas cuatro propiedades, la premisa de *medir de nuevo* se convierte en una verdadera brújula directiva. Las prácticas del mercado demuestran que gracias a ella los directivos pueden escuchar sin sesgos a sus colaboradores y preparar de manera empática y muy efectiva las propuestas que les harán en el siguiente período. Veamos un ejemplo.

Una compañía multinacional del rubro de servicios públicos, presente en Latinoamérica, implementó un sistema integrado de medición en comunicación interna durante cuatro años. La decisión fue tomada por el propio gerente general, enviado desde Europa con el objetivo de generar una mayor integración en los procesos fabriles, que permitiera a su vez mejorar el beneficio para los accionistas. Cuando el directivo evaluó las ventajas de un sistema integrado de comunicación interna, vio la oportunidad de apuntalar con él los objetivos que le habían solicitado. Desde el primer año, además de una métrica anual, implementó espacios de escucha para relevar indicadores numéricos por trimestre, y compartió permanentemente todos los emergentes con su comité directivo.

A partir de los resultados de estas mediciones, implementó tres acciones: espacios de comunicación presenciales, medios formales remotos y capacitaciones en habilidades de comunicación para todos los integrantes de la empresa. Con la implementación de la estrategia integrada alcanzó los logros esperados. Pero entre todas las herramientas utilizadas, fueron las mediciones las que le permitieron demostrar a sus jefes en Europa que la comunicación interna había sido la inversión adecuada para cumplir la meta que le habían propuesto. Con algunos indicadores, incluso, logró detectar el impacto de ciertas acciones comunicativas en el cuadro financiero, lo cual le dio mayor respaldo frente a sus superiores. Este caso cobró relevancia en la corporación, repatriaron al gerente a la casa matriz con un puesto superior y su sucesor aún aplica en Latinoamérica el sistema integrado de comunicación interna que él inició.

Evaluar la gestión del área de Comunicaciones

¿Es medir la comunicación?

En algunas prácticas de mercado, donde aún prevalece una gestión tradicional de comunicación interna, surge una situación indeseada que hace creer a las organizaciones que están cumpliendo con la premisa de *medir los logros*. En la experiencia de campo es común observar esta confusión cuando la implementación de métricas integradas es reemplazada por herramientas domésticas. La situación más evidente que presenta el mercado se da con ciertos cuestionarios que genera el área de Comunicaciones para hacer mediciones puntuales de las acciones que implementa. Si bien estos instrumentos de medición son útiles, a la vez que un buen complemento de la escucha integrada, son insuficientes para cumplir con la premisa de *medir de nuevo* y evaluar una estrategia completa.

Las consultas que realizan los departamentos de comunicaciones para medir la efectividad de su accionar profesional como emisores formales son muy importantes, ya que además de medir la gestión puntual permiten acrecentar la visibilidad y el prestigio del área internamente. Pero es necesario asegurarse de que la organización no confunda los resultados de esos cuestionarios con emergentes del estado general de las comunicaciones. La experiencia de campo demuestra que esta problemática, muy simple de evitar, suele ser más recurrente de lo que la organización imagina. Al no reparar en esta distinción, se provocan consecuencias indeseables que con el tiempo son más difíciles de revertir.

Hemos visto que las mejoras de fondo en comunicación interna se logran con una gestión integrada, y que la efectividad de dicha gestión debe ser evaluada con métricas que sean igualmente integrales. Las encuestas para evaluar la efectividad del accionar del Departamento de Comunicaciones son cuestionarios internos, propios del área, que no requieren mayor rigor metodológico. De hecho, en la mayoría de los casos, se formulan de manera doméstica según las necesidades puntuales que tiene el área para monitorear lo emitido al resto de la organización. Pero es necesario recordar que en esa instancia solo se evalúan los logros específicos del departamento especialista como emisor formal, y no las emisiones que realizan los otros múltiples comunicadores que interactúan diariamente dentro de la organización.

Siempre será importante conocer el grado de utilidad que brinda la intranet al trabajo diario, el impacto que generan los eventos internos para alinear comportamientos, la recordación que producen las campañas para fijar conceptos estratégicos o el *readership* que logra la revista interna en los hogares de los trabajadores, pero desde un punto de vista integrado, ese accionar implica mensurar solo una pequeña parte de las comunicaciones internas. La premisa *medir los logros* requiere que la organización pueda monitorear también la comunicación oral descendente que realizan los jefes y supervisores, los mensajes horizontales que se dan en la cadena de valor o entre áreas, los temas que tratan las conversaciones dentro de los equipos de trabajo, el código oculto de las quejas que originan el rumor, el grado de *ofrecimiento de la palabra* en las reuniones, las brechas y sesgos que se producen en las cascadas por falta de *significado*, los quiebres en la comunicación interpersonal ascendente y la *conversación* que se produce entre la alta gerencia y las bases de la organización.

Si bien todas las herramientas de escucha aportan datos a la premisa de *medir los logros*, es necesario que al menos una de ellas sea realmente integrada. De otra manera, las diferentes encuestas pueden generar confusiones, con resultados paradójicos, que pueden llevar a la organización y sus integrantes a una situación *alienante*, es decir, al otro extremo de la *alineación*. Acaso pueda parecer innecesario repetir estas consideraciones haciendo hincapié en la importancia de proteger a la organización de esta problemática. Sin embargo, la recurrencia de errores que surge de la experiencia de campo obliga a insistir en el punto. Veamos a continuación otro ejemplo frecuente del mercado donde la implementación de métricas no integradas termina generando confusiones perjudiciales.

Un caso de evaluaciones paradójicas

La comunicación está bien y mal

En una empresa que implementaba diferentes herramientas de medición, la comunicación interna aparecía con indicadores opuestos: en una de las encuestas los resultados de comunicación daban bien, y en otra, mal. A pesar de la buena iniciativa de escuchar a los empleados, ninguna de las métricas que se había propuesto esta organización evaluaba la comunicación de manera integrada. La paradoja se presentaba entre la encuesta para medir el clima laboral y el cuestionario que evaluaba el accionar del Departamento de Comunicaciones Internas. Aunque ambas herramientas se aplicaban en la misma empresa, a los mismos empleados y en el mismo período, el resultado que arrojaban sobre el estado de la comunicación laboral difería considerablemente. La encuesta de clima demostraba que el estado de la comunicación interna era deficitario, mientras que la encuesta del Departamento de Comunicaciones sostenía que estaba en franca prosperidad.

Cuando la organización profundizó en este caso, la contradicción empezó a descifrarse. La encuesta de clima se refería al estado de la comunicación interna de una manera amplia y su emergente negativo brindaba un síntoma general. No podían saberse de modo cabal las causas profundas del crítico dictamen de los empleados en la encuesta de clima, puesto que no era una métrica específica de comunicación interna. Por su parte, los cuestionarios del Departamento de Comunicaciones ofrecían emergentes precisos, pero muy particulares sobre los mensajes que este emitía a través de medios oficiales. Los cuestionarios específicos arrojaban resultados positivos porque la revista, la intranet y las campañas que administraba el departamento eran bien ponderadas por los trabajadores.

Finalmente, al profundizar con una métrica integrada, aparecieron las causas de la paradoja. La encuesta de clima arrojaba emergentes negativos porque los empleados se referían a "otra" comunicación interna. Daban su opinión sobre algo que sucedía más allá de los canales formales que administraba el departamento especialista. Las técnicas proyectivas que aplicó la herramienta integrada demostraron que los colaboradores se referían a comunicaciones interpersonales que se generaban dentro de los equipos de trabajo. Así, la organización comprendió la paradoja y revirtió la situación con una estrategia más amplia, para lo cual solicitó ayuda del Departamento de Comunicaciones Internas. La profundización en este caso permitió que la Dirección y el área de Comunicaciones crecieran juntas a partir de ahí y comenzaran a gestionar profesionalmente acciones de comunicación de dimensión interpersonal y de palabra oral, propia de los equipos de trabajo.

Indicadores bipolares

¿Esquizofrenia organizacional?

Las percepciones ambiguas no son la realidad, aunque representen una parte de ella. A pesar de la simpleza con que pudo resolverse el caso anterior, es necesario recordar que los indicadores contradictorios en comunicación interna son escasamente advertidos por el mercado. Por eso el tema debe ser tratado con el mayor profesionalismo posible. En comunicación interna, cualquier ambigüedad debe gestionarse con urgencia, ya que confunde peligrosamente a la organización y compromete su desarrollo. Los seres humanos con percepciones de ambigüedad extrema, padecen una patología que las ciencias médicas denominan *esquizofrenia* (gr. σχίζεινφρήν [schizeinpren]. *Schizein:* "dividir, escindir" y *Phrēn*, "entendimiento, razón"). Las organizaciones que *dividen su entendimiento* o *escinden su razón* con mediciones paradójicas, se *enferman* de algo que en comunicación se denomina de manera más simple: *mentira*. Dentro del trabajo, las mediciones de comunicación que generan resultados bipolares, con demasiada ambigüedad entre sí, pueden llevar a la organización a vivir una irrealidad.

Si bien es cierto que las mediciones de comunicación que no son integrales arrojan *verdades,* es importante dar a conocer que se trata de *verdades selectivas.* Resulta muy peligroso no advertirle a la organización que esos indicadores no remiten al estado general de la comunicación interna, sino solo a una parte de ella. En los tratados filosóficos de ética no hay mayor diferencia entre una verdad selectiva y un falso testimonio. Ambas expresiones se enmarcan en la clasificación de *mentira*. Nuestros colegas periodistas usan un adagio que resume muy bien este punto: *No hay peor mentira que una parte de la verdad.* Lo que en la prensa es penado, también debe serlo en comunicación interna. Resulta inminente advertirle a la organización sobre la selectividad de los indicadores que surgen de las diferentes mediciones, especificándole con claridad qué aspectos, segmentos o dimensiones de la comunicación laboral se están midiendo. De otra manera, los emergentes positivos de una sola dimensión comunicativa pueden llevar a que una *verdad particular* se convierta en una *mentira general*. Pero si, en cambio, la organización permite que el área de comunicaciones aplique periódicamente mediciones integradas, podrá arribar a esa verdad integral, a ese tesoro único, que produce el éxito real en toda comunicación.

La búsqueda del tesoro

Ir detrás de los "puntitos"

Platón advertía que un diálogo está compuesto por dos discursos racionales en oposición. Dos personas –afirmaba el filósofo griego– tienen sus razones, pero solo al enfrentarlas en un diálogo, pueden hacer de ellas una *verdad*. A partir de este intercambio, ambos interlocutores obtienen un tesoro al que, previamente, ninguno de los dos había accedido. Cuando la gestión profesional asegura la aplicación repetida de métricas integradas durante algunos ciclos, la organización comienza a acercarse cada vez más a ese tesoro. Estos instrumentos favorecen el diálogo dentro del trabajo y miden los resultados que surgen de ellos, es decir, dimensionan la *verdad* que se construye a partir de confrontar los numerosos discursos racionales que emiten los distintos actores organizacionales. Según testimonios extraídos de profesionales que actualmente implementan mediciones integradas, esta situación provoca que la organización valore profundamente su aporte.

Cuando se sostiene durante varios ciclos la premisa *medir los logros*, deja de ser necesario que el área de Comunicaciones tenga que hacer una venta interna para demostrar la importancia de escuchar. Al tiempo son los propios directivos, gerentes y jefes de la organización quienes pasan a requerir estos indicadores periódicamente. Todos los sectores de la compañía quieren avanzar, compararse y hallar mejores formas de comunicarse en cada ciclo. Este proceso, a su vez, permite evaluar los posibles impactos de la comunicación en el cuadro de resultado de la empresa. Los profesionales de la materia que se encuentran a la vanguardia de estas prácticas afirman que la aplicación sostenida de métricas permite también un desarrollo económico tangible para la organización[64].

Una destacada profesional de Recursos Humanos del Perú nos explicaba este proceso con la claridad y sencillez que brinda la práctica: "Lo que nos decidió a hacer diagnósticos integrados es que cuanto más avanzas, más difícil es identificar las brechas. Siempre es más difícil identificar 'puntitos' que hallar un gran problema". La premisa *medir los logros* es para quienes buscan mejorar las comunicaciones permanentemente, en cada oportunidad que tienen, incluso cuando todo parece estar bien. Estos profesionales no ignoran que los logros en comunicación interna no pueden ser perfectos, pero saben que son siempre perfectibles. Las ciencias exactas pueden arribar a resultados perfectos, pero las disciplinas sociales –como la nuestra– siempre pueden mejorar sus resultados. La búsqueda permanente se realiza para hallar un *tesoro* que solo aparece con una práctica perseverante. Cada organización tiene algo único para descubrir detrás de esos "puntitos". La práctica sostenida de mediciones integradas que realiza esta profesional en Lima colabora para que su empresa alcance mejores resultados cada año.

Consecuencias de medir los logros

Reportar a la Gerencia General

La premisa que permite *medir los logros* marca una diferencia clave entre un área de comunicación interna tradicional

---

64. Newsletter RedINSIDE N° 39, "Medición y ROI de la comunicación interna", www.comunicacion1A.com.

y un departamento que es consultor interno de comunicación. Al recibir periódicamente los resultados de un diagnóstico integrado, los directivos valoran cada vez más la labor profesional de los integrantes del área que lo implementa. Por este motivo, esta herramienta surge como la que más vincula a los comunicadores con la Gerencia General. En las organizaciones que se gestionan las comunicaciones con métricas de este tipo, es posible notar que el profesional del área, de una u otra manera, termina reportando directamente a la alta gerencia.

Tal es el caso de la gerente de Comunicación Interna en la filial argentina de una importante compañía financiera que está presente en más de setenta países. Esta profesional aplicó la premisa de *medir los logros* con métricas integradas durante más de tres años consecutivos y, además del diagnóstico anual, reforzó esta gestión con mediciones presenciales trimestrales. Su principal vínculo con los directores de la compañía se daba cuatro veces al año, en el momento que presentaba estos resultados. Luego del segundo año, comenzó a reportar directamente al gerente general. Cuando fue consultada sobre el éxito de su gestión dijo: "Los directores de la empresa valoran que hay una metodología integrada detrás de cada medición. En las presentaciones al comité, me encargo de transmitirles la metodología de comunicación interna que implemento. Es una forma pedagógica y práctica de sensibilizarlos en modelos que son propios de esta disciplina".

La valoración del directorio por las comunicaciones se sustenta sobre todo en que las apreciaciones de los empleados, incluso cuando son individuales o subjetivas, pueden ser interpretadas con indicadores porque tienen soporte metodológico detrás. Profundizando en este punto, la gerente mencionada advirtió que los dirigentes no solo valoraban los índices numéricos del diagnóstico, sino también los indicadores cualitativos que recababan expresiones espontáneas de los trabajadores. Cuando ya había presentado varias mediciones trimestrales empezó a notar que las frases *entre comillas* de los empleados tenían cada vez mayor atractivo para los altos mandos. Cuando exponía en pantalla estas expresiones, el comité se detenía interesado a debatir sobre ellas.

La metodología de comunicación interna que daba sustento a las métricas aseguraba representatividad en esas apreciaciones, incluso cuando las frases entrecomilladas eran únicas e individuales. En realidad, esas expresiones textuales eran *respuestas,* y el secreto de su riqueza radicaba en la metodología que esta profesional utilizaba para *interrogar.* Las preguntas metodológicas estaban diseñadas no solo para espacios formales de escucha, sino también para contextos informales, tales como el ascensor, el pasillo o el espacio donde se encontraba la máquina de café. Esta metodología, junto con la espontaneidad que tenían las respuestas de los trabajadores, daba una fuerte representatividad a las oraciones entre comillas.

Una evaluación de película

El padrino *y* Titanic

Las respuestas de los empleados que otorgan mayor riqueza a los indicadores suelen provenir de preguntas igualmente ricas, elaboradas de manera cuidadosa con modelos de escucha. Un ejemplo cercano lo constituyen las técnicas proyectivas, diseñadas para darle voz a lo que los trabajadores en general callan o no amplían en las encuestas tradicionales. Las prácticas demuestran que los modelos aportan datos cualitativos que los cuestionarios tradicionales difícilmente alcanzan. Una de las dinámicas más simples de aplicar es la que consulta a los trabajadores a través de nombres de películas. Ante la pregunta directa "¿Cómo es la comunicación dentro de la empresa?", las respuestas suelen ser limitadas, planas y recurrentes. Pero cuando, por ejemplo, se interroga: "Si la comunicación en la empresa fuera una película, ¿cuál sería?", las respuestas crecen notablemente en riqueza de datos. Una pregunta elaborada no puede ser contestada de inmediato. Por el tipo de técnica que se utiliza, las preguntas *interesantes* obligan a tomar tiempo para pensar, activan el hemisferio derecho del cerebro y generan en los empleados respuestas más profundas. Ofrecen opciones más creativas para contestar aquello que, de otra forma, expresan con monosílabos, de manera plana o parca (cuando no con silencio). A través de estas preguntas los integrantes de la organización suelen aportar datos muy útiles que permiten determinar los "puntitos" o causas profundas de los problemas de comunicación en la empresa.

Este tipo de técnicas generan respuestas en los empleados que despiertan mayor interés en los directivos. En mi experiencia en la gestión, una de las películas más referenciada a principios del milenio era *Tienes un e-mail*, y se votaba en relación con la saturación de información que empezaban a sufrir los empleados a través de los correos electrónicos. Un clásico citado en diferentes momentos, contextos y países es el filme *El padrino*. Las películas de esta saga eran referenciadas en casos de comunicación interna autocrática con fuertes *bajadas de línea*. En algunas empresas, los empleados comparaban los personajes de Marlon Brando o Al Pacino con la personalidad de sus gerentes o jefes. En casos de crisis, la película más nombrada solía ser *Titanic*, en particular cuando la organización estaba en un proceso de reestructuración, adquisición o reingeniería. Este filme es más votado aun cuando existe una brecha muy marcada entre lo que comunica la empresa y lo que sienten los empleados. Muchas veces se informa que la empresa *va muy bien*, pero las últimas líneas de la organización sienten que están *en tercera clase,* postergadas en comparación con las primeras jerarquías organizacionales. En una compañía en la que este filme fue el más votado, uno de los trabajadores consultados dijo que él se consideraba el violinista del Titanic: *Tengo que seguir tocando como si no pasara nada* –afirmó–, *la comunicación oficial me pide que sonría mientras todos sabemos que el barco se hunde.*

Estas técnicas siempre ofrecen datos que complementan con mucha riqueza los resultados cuantitativos. Hace casi diez años, junto a un equipo de colaboradores interesados en desarrollar métricas integradas, empezamos a profundizar en este tipo de instrumentos con el fin de generar una técnica proyectiva que fuera específica y particular de comunicación interna. Con el tiempo surgió una herramienta de simple aplicación, solo compuesta por fotografías, que permitía a los trabajadores votar una imagen particular para expresar su opinión general sobre el estado de las comunicaciones en su organización. Un grupo de psicólogos laborales colaboró previamente para seleccionar dichas imágenes, asegurándose que fueran lo suficientemente diversas entre sí como para que los empleados expresen sus necesidades de comunicación con la mayor amplitud posible[65].

Una selección final de solo doce imágenes permitió que los resultados fueran comparables entre organizaciones de diferentes tamaños, rubros comerciales, mercados, países o culturas. Otro beneficio de esta docena de fotos fue que los trabajadores podían recibirlas no solo de manera presencial, sino también a través de cuestionarios remotos. Esto permitió utilizar las mismas iconografías en numerosos casos y administrar una estadística que lograba comparar distintas instituciones donde los empleados votaban las mismas imágenes. Por la riqueza cualitativa de sus datos y por

---

[65]. "Proyección 12": herramienta de escucha proyectiva, conformada por doce fotografías. Fue diseñada en 2004 para complementar las métricas del Sistema de *Comunicación 1A.*

esta posibilidad comparativa con el resto del mercado, sus emergentes empezaron a ser muy valorados por los comunicadores y directivos. Y como veremos en el siguiente caso, a la hora de responder cuestionarios, las técnicas proyectivas con imágenes también son preferidas por los empleados. La dinámica de elegir una foto permite reemplazar varias preguntas, haciendo más amigable el formulario para los trabajadores.

CASO DE ESTUDIO

Una campaña que pone en campaña

Los empleados miden sus logros

Una empresa de ingeniería y montaje industrial que tenía una buena política de comunicación interna implementaba diagnósticos integrados con técnicas proyectivas que incluían imágenes en sus encuestas. Anualmente escuchaba a sus empleados a través de cuestionarios y, una vez por semestre, generaba grupos focales con espacios de escucha interpersonal. En el tercer año de métricas sucesivas, decidió presentar los resultados del diagnóstico de una manera más creativa que de costumbre. Al darse cuenta de que las fotografías eran la instancia que más interés despertaba en los trabajadores y que aportaba las mejores respuestas cualitativas al diagnóstico, la empresa generó una acción que produjo una importante sinergia en todo el negocio.

Al planificar la estrategia anual, la empresa sumó a los trabajadores como emisores formales, a través de un proceso en el que ellos mismos generaban una campaña de afiches. Pero en vez de comunicar la visión de la empresa (como observamos en un ejemplo de la premisa anterior), los colaboradores transmitieron los resultados de la medición. Los pósters que realizaron contenían de una manera creativa los indicadores que habían surgido en cada lugar de trabajo. A través de esta campaña los trabajadores le contaban a toda la organización cuál era el estado de la comunicación interna en su propio sector de trabajo. A partir de estas acciones la premisa *medir los logros* revitalizó la comunicación en toda la empresa. Veamos los antecedentes del caso para poder dimensionar mejor el logro de la campaña.

Por el rubro en el que operaba, esta empresa tenía una gran dispersión geográfica. Contaba con una oficina central que prestaba servicios a equipos propios que se desempeñaban en los más diversos lugares. Las organizaciones de este rubro industrial construyen obras de gran envergadura dentro de compañías de energía, petroleras, madereras, depuradoras de agua, mineras y demás rubros similares. Ante cada contrato, la organización conformaba un equipo de trabajo especial, una suerte de "pequeña empresa" separada de la casa matriz, para desempeñarse de manera autónoma dentro del cliente. Cada uno de esos equipos tenía organigramas propios con un gerente administrador, un subgerente de operaciones, áreas de soporte –como Recursos Humanos y Prevención de Riesgos–, además de los jefes, supervisores y trabajadores de línea.

Los directivos de esta compañía conocían el valor de un sistema de comunicación interna integrado. Debido a la gran dispersión de sus equipos de trabajo, resultaba clave asegurar una coordinación sistemática con la sede. A pesar de la autonomía de cada contrato, todos estos equipos recibían soporte de la oficina central y una vez iniciada la faena reportaban a esta sobre los avances de las obras. Un ejemplo de soporte central era la fase de estudio, donde un departamento de la casa matriz estudiaba la viabilidad del proyecto y lo presupuestaba para definir el contrato. Si el cliente estaba de acuerdo, se firmaba el inicio de obra y pagaba la cifra estipulada por el departamento de estudio. Una clave de este negocio es, una vez iniciada la obra, manejarse con la mayor productividad posible. El margen de rentabilidad que obtienen las empresas de este rubro está directamente ligado a la eficiencia que logra cada obra, tanto en cantidad de tiempo como en calidad de servicio. De otro modo, no solo puede malgastar la rentabilidad presupuestada, sino que puede perder todo el dinero que le han pagado, e incluso más.

Si en cualquier compañía la comunicación interna es importante, en una empresa de estas características, que tiene al menos quince contratos diseminados en diferentes industrias y geografías, resulta absolutamente indispensable. Una pequeña falla en los mensajes impacta en el corazón del negocio y es claramente cuantificada con dinero. Un ejemplo común se da en la compra de los materiales de construcción. Cada herramienta o materia prima para el proyecto es comprada por la oficina central según el pedido de las obras. Un déficit mínimo en este tipo de comunicaciones, tanto al generar el pedido (emisión) como al registrarlo (escucha) no solo se cuantifica con una pérdida económica en la compra. Hay otros costos asociados, como el desperdicio de tiempo de logística (porque los traslados son a lugares muy distantes), las *horas hombre* sin trabajar (por no contar con los materiales a tiempo), el deterioro del ánimo de los equipos (que no tienen nada para hacer hasta tanto no lleguen los materiales), el malestar del cliente (que reclama el cumplimiento de las fechas estipuladas en el contrato) y las demoras concretas que se producen en la finalización de la obra.

Durante tres años, esta empresa había implementado diagnósticos integrados de comunicación para asegurar la eficiencia en sus procesos, la satisfacción del cliente y la motivación de sus equipos. Poco a poco había logrado superar los problemas de comunicación más gruesos, sobre todo los que se generaban desde la oficina central. Sin embargo, había ciertos aspectos comunicacionales que dependían de mejoras que debía realizar cada faena, y que se hacían muy difíciles de intervenir con una estrategia digitada desde la sede. En años anteriores, los equipos habían recibido capacitaciones de comunicación interna que generaron muy buenos resultados. No obstante, había algunos "puntitos" que debían mejorarse, diferentes en cada obra, que la empresa reconocía que debían ser tratados por los líderes y colaboradores de cada faena particular. Para este fin ya contaban con las habilidades adquiridas en los talleres. Ahora era momento de que las quince obras hicieran uso de esas herramientas.

En este contexto, al *medir los logros* de la comunicación de ese año, la empresa propuso implementar la idea de la campaña hecha por los propios empleados, con un afiche específico realizado en cada faena a partir de las imágenes que impartía la técnica proyectiva. El cuestionario hacía la siguiente pregunta: "Si la comunicación en mi lugar de trabajo fuera una fotografía, ¿cuál de estas imágenes sería?". Cada trabajador señaló una de las doce fotografías que incluía la propuesta y luego se eligió la imagen más votada. Una vez definidas las fotografías en cada equipo, el área de Recursos Humanos informó que realizaría una campaña de comunicación interna compuesta por los quince afiches que había generado cada faena.

El proceso de comunicación continuó con una reunión en cada obra en la que todos juntos debían "hacer hablar" la fotografía que había sido más votada. Al ya tener definida la imagen representativa, solo restaba que los trabajadores de la faena se pusieran de acuerdo para responder *por qué* esa era la fotografía que mejor representaba sus comunicaciones internas. La dinámica de la reunión consistía en que los integrantes de la obra definieran conjuntamente un texto acordado por todos que respondiera de manera satisfactoria a esa pregunta. Finalizada la reunión, cada equipo se sacaba una foto y enviaba ese material a la oficina central.

Una vez que las quince faenas hubieron realizado este procedimiento, la agencia de diseño produjo el afiche de cada obra. El póster contenía un título, la fotografía más votada, el texto redactado por los trabajadores y al pie se colocaba la foto de los integrantes de la obra con los nombres de todos. Los quince afiches de la campaña se publicaron en cada faena, en un tamaño mediano, pero el propio afiche de la obra se imprimía a tamaño doble, para que los trabajadores de la faena identificaran el suyo a simple vista. El título de cada póster era el siguiente: *En la obra* [nombre de la faena] *nuestra comunicación interna es:*, y a continuación se exponía la imagen votada y el texto, que daban cuenta del estado de la comunicación en esa obra.

Más allá de la forma creativa de presentar los resultados cualitativos del diagnóstico, esta idea buscaba un efecto más importante: empoderar a cada obra para que sus trabajadores fueran protagonistas activos en las mejoras comunicativas que había que realizar. La mayoría de las fotografías elegidas, junto con el texto redactado debajo, demostraba que las faenas tenían varias oportunidades de mejora en su comunicación interna. El hecho de evaluarse a ellos mismos en su comunicación, participar en la creación del afiche y también de compararse con el resto de las obras, surtió el efecto buscado.

En la mayoría de los casos se produjo un buen nivel de compromiso en los participantes, que los llevó naturalmente a mejorar la comunicación en su lugar de trabajo. Cada trabajador veía el afiche todos los días y eso le recordaba que podían aportar su *grano de arena* para cambiar lo que no les gustaba de la comunicación. A un semestre de publicada la campaña ya había avances en la comunicación de cada obra y unos meses después todos esperaban la medición del siguiente año. Al consultarlos por este interés la mayoría de los colaboradores respondió: "Este año queremos cambiar la foto de nuestro afiche por una mejor".

Planificación	Escuchar primero
	Capitalizar las quejas

Implementación	Ordenar la emisión
	Narrar con significado
	Ofrecer la palabra

Evaluación	Medir los logros
	7 ¿Y el cuadro de resultados?

7) ¿Y EL CUADRO DE RESULTADOS?

La última premisa propone, antes de cerrar el ciclo estratégico, hacerse una pregunta poco frecuente en la gestión tradicional de comunicación interna: *¿Y el cuadro de resultados?* El planteo de este interrogante busca relacionar los logros alcanzados en comunicación interna con los indicadores económicos que son de máximo interés para la organización. Las prácticas que alcanzan este propósito en general son las que implementan estrategias integradas, que se apoyan en las premisas anteriores antes de buscar éxito en esta. La experiencia también advierte que al momento de iniciar esta aplicación aparecen barreras que por la inercia del mercado son difíciles de sortear o incluso de distinguir. Las principales trabas se encuentran en ciertos preconceptos que, si no se advierten a tiempo, generan consecuencias que luego son más arduas de revertir.

Históricamente, la búsqueda de este tipo de indicadores no ha sido una premisa para la gestión tradicional de comunicación interna. En primer lugar, como hemos visto, muchas organizaciones miden sus comunicaciones únicamente con una encuesta de clima (u otras similares), y solo las prácticas más avanzadas implementan métricas integradas de comunicación. Esta primera barrera limita las posibilidades de profundizar en los indicadores financieros que propone esta instancia, ya que lo que la organización requiere en estos casos es que, luego de aplicar una medición integral de comunicación interna, se apele a otros instrumentos más específicos para evaluar el impacto económico de las acciones comunicacionales.

En el marco de un seminario internacional que organizamos en la Universidad Mayor de Chile en 2008, una prestigiosa profesional española presentó el caso de medición de comunicación interna que había gestionado en una empresa de Madrid[66]. A pesar de los logros alcanzados con esa intervención, la expositora del panel compartió con la audiencia que el CEO le había dicho: "Esto que me muestras es precioso, pero ¿cómo se traduce a números?"[67]. Lo que el directivo pedía de esa métrica eran cifras económicas, pero lo que ignoraba era que su requerimiento no podía ser satisfecho con una medición como la que se le estaba presentando. Los resultados económicos que puede generar una gestión profesional de comunicación en general no surgen de las mediciones de comunicación. Es por eso que para introducirnos en la séptima premisa, es importante advertir que así como la encuesta de clima laboral no es una medición integrada de comunicación interna, tampoco esta última es un instrumento para calcular el impacto económico de las acciones comunicativas.

Los casos a la vanguardia en esta premisa demuestran que el proceso para hallar indicadores económicos requie-

---

66. II Encuentro Latinoamericano de Comunicación Interna, organizado por Comunicación 1A en la Universidad Mayor de Chile, 2008.
67. Se recomienda ver video "Medir la comunicación", en www.comunicacion 1A.com.

re una evaluación aparte, posterior y complementaria de las mediciones realizadas en la premisa anterior. Cuando la gestión implementa y sostiene en el tiempo mediciones integradas como sugiere la sexta premisa, empieza a ser cada vez más tangible la oportunidad de calcular montos económicos con las acciones de comunicación interna. Las prácticas más destacadas demuestran que al *medir los logros* durante algunos períodos consecutivos, comienza a torcerse el rumbo de esa vieja historia que durante tanto tiempo desvinculó la gestión de las *palabras* de la gestión de los *números*. Poco a poco los indicadores integrados de comunicación empiezan a mostrar que ciertas intervenciones guardan relación directa con los resultados del cuadro financiero.

Solo beneficios no operativos

Otro mito para desterrar

Las tendencias de mercado demuestran que los obstáculos que se deben sortear en esta premisa suelen pertenecer a paradigmas poco revisados. La inercia de la gestión tradicional suele promover el *mito* de que *la comunicación interna solo genera resultados no operativos*. Si bien es cierto que no siempre es posible medir el retorno de inversión en esta especialidad, y que muchas veces es realmente difícil obtener indicadores económicos, eso no implica que sea imposible. Tan absurdo como creer que toda la gestión de comunicaciones tendría que traducirse a resultados económicos es afirmar que ninguna acción comunicativa puede tener impacto directo en los estados financieros de la organización.

El primer paso es tomar casos de éxito, que hayan sido muy bien evaluados en la premisa anterior y someterlos a las consideraciones que aporta la séptima premisa. Dar este primer paso con la pregunta en cuestión permite generar una duda razonable para comenzar a desterrar esos *mitos*. El hecho de que las estrategias de comunicación interna generen resultados con mayoría de indicadores no financieros, hace que la gestión muchas veces desestime los esfuerzos para buscar posibles impactos económicos. Con el tiempo, la inercia de esta conducta hace que la organización caiga en la conclusión de que no se puede medir el retorno de inversión de las acciones de comunicación. En estos casos, el departamento especialista deberá duplicar su esfuerzo para promover la séptima premisa, ya que tendrá que lidiar con obstáculos invisibles pero pesados, que frenarán su intención.

Las organizaciones que han logrado éxito en esta premisa muestran que al principio es más importante el intento que el logro. Incluso cuando en los primeros años los profesionales de comunicaciones no hallen indicadores económicos en ninguna de las acciones implementadas en la estrategia, el trabajo igual habrá valido la pena. La escasa relación que hoy hace el mercado entre comunicación y finanzas lleva a que el solo hecho de instalar el tema en la organización ya sea un avance. Es por eso que en la séptima premisa se presenta entre signos de interrogación, porque la *pregunta* es tan importante como la *respuesta*. Y en un principio, incluso, puede ser más importante, por la interdependencia directa que demuestra con cualquier logro posterior.

En varios casos de mercado los resultados se hallaron por el solo hecho de plantearse la duda y sostenerla en el tiempo. Son tantos los obstáculos que suelen oponerse para hallar una respuesta favorable –incluso los propios comunicadores de la organización, de manera inconsciente, pueden descreer de lo que están intentando–, que resulta vital sostener la pregunta en el tiempo. A veces, las variables que develan la respuesta aparecen varios meses después de haber concluido la intervención de comunicaciones. Las crisis repentinas suelen ser, en este sentido, una posibilidad para demostrar el aporte directo de las acciones comunicativas a los resultados económicos de la empresa. Toda organización sabe que una de las mejores formas de paliar una crisis es haber realizado con los colaboradores un trabajo de cohesión previo. Como veremos al final de esta premisa, en *El caso del terremoto*, a veces las herramientas de comunicación que fueron entregadas a jefes y equipos recién muestran todo su potencial en situaciones límite. Las crisis suelen mostrar con claridad el dinero que se puede ganar o dejar de perder con inversiones previas en comunicación interna.

En definitiva, la experiencia de campo demuestra que es el ensayo práctico antes que la certeza teórica la que abre el camino a la respuesta de la séptima premisa. Los casos de éxito señalan que los índices financieros muchas veces surgen de acciones comunicativas que a priori parecían lejanas o desconectadas del cuadro de resultados. Para alcanzar estos logros, se necesita tener siempre la pregunta a mano y revisar las posibles respuestas, sin dar nada por supuesto. Con aplicación práctica, la séptima premisa puede quitarle el velo a las sentencias que desacreditan el impacto que tiene la gestión profesional de comunicación interna en el cuadro de resultados.

Una metáfora para el indicador económico

Luz, cámara, acción

Para continuar avanzando en esta premisa es recomendable seguir los pasos que dieron aquellos colegas que ya han logrado buenos resultados. La marcha inicial de esas prácticas, como vimos, coincide con el cumplimiento de las seis premisas anteriores. Por este motivo, podría decirse que el indicador económico que busca la séptima premisa no es *una fotografía aislada*, sino más bien una serie de *fotogramas* que componen parte de una *película*. El filme completo sería la estrategia integrada, que presenta *seis escenas previas*, con muchos intercambios, diálogos y narraciones con significado. La séptima solo es el remate de las anteriores y puede darle un mejor final a todo el *guión*. En términos de *producción*, la historia se soporta sobre tres pilares: mediciones específicas, capacitación en comunicación para los integrantes de la organización (empezando por los roles de conducción) y entrenamiento metodológico para el área de comunicaciones.

Siguiendo con la metáfora, el tráiler del filme podría resumirse de la siguiente manera: la trama se basa en conflictos generados por problemas de comunicación entre los personajes. Las acciones que se implementan logran paliar la situación y demuestran su efectividad con índices de comunicación confiables, aunque no son financieros. En el desenlace resulta natural que algunos de *los protagonistas* (directivos) comiencen a preguntarse si la inversión en comunicación, además, podría haber generado un retorno económico directo. Otro *actor clave* (el área de comunicaciones) sabe que si acepta el desafío de responder esa pregunta que plantea la última parte de la trama puede darle un mejor final a toda la historia.

El camino de la séptima premisa

De la sintaxis a la calculadora

El sendero que conduce a los indicadores económicos tiene otras particularidades importantes para considerar. En primer lugar, la experiencia demuestra que no es recomendable empezar a buscar índices financieros en la estrategia general de comunicación interna. Las organizaciones que se inician con éxito en estas prácticas seleccionan algunas de todas las intervenciones enmarcadas dentro de la estrategia anual. En sus primeras experiencias, incluso, analizan solo una intervención, y en general se orientan a acciones comunicacionales de dimensión interpersonal. Por ejemplo, toman los talleres de comunicación para roles de conducción realizados durante el año y luego buscan su posible impacto económico en la organización. En los primeros años, no suman intervenciones realizadas en otros frentes para poder hacer foco en el proceso. En particular no eligen casos de dimensión institucional, gestionados a través de medios remotos, tales como la revista o la intranet. La experiencia dicta que con esas intervenciones el cálculo es mucho más difícil de lograr.

Otro punto importante para analizar es la forma en que esas organizaciones hacen la selección del caso interpersonal. En las estrategias integradas, las intervenciones presenciales, de palabra oral, pueden ser muchas y variadas. Para elegir la práctica puntual que analizarán económicamente se enfocan en los casos que, en la premisa anterior, al *medir los logros,* dieron los mejores índices no financieros. La experiencia demuestra que una intervención interpersonal que logró buena calidad en las premisas anteriores y obtuvo buenos resultados no operativos en la sexta, tiene más probabilidades de demostrar un impacto económico también en la séptima.

Una vez elegida la intervención por analizar, las prácticas indican que es necesario hacer un alto en el camino y pasar a una instancia diferente. En este punto los profesionales de comunicación dejan de lado el teclado con letras y toman otro, menos familiar, que contiene números. Calculadora en mano, comienzan a conjeturar la influencia de su gestión en los principales indicadores económicos que persigue la compañía. Este sendero plagado de cálculos para medir inversión y renta, suele ser escabroso para los especialistas de comunicación que están poco acostumbrados a estas operaciones. Sin embargo, no hay otra ruta. Para descubrir los *tesoros* de la séptima premisa deben avanzar por esta geografía poco explorada, a veces sin más brújula que la motivación de desafiarse. Algunos casos muestran que uno de los primeros hallazgos en este camino puede ser encontrarse con colegas que los ayuden en el propósito. En general, pueden recibir aportes de los financistas de la organización, que aunque no son expertos en la gestión de *palabras*, lo son en la gestión de *números*.

El trabajo conjunto entre las áreas de Comunicaciones y de Finanzas es otro paso interesante que surge de las experiencias de mercado. Cuando los comunicadores logran buenos resultados en la sexta premisa, hacen crecer el interés por la búsqueda de índices económicos. Ese interés puede comenzar con expresiones como las del CEO español que vimos al principio: "Esto que me muestras... ¿cómo se traduce a números?". Por su parte, el gerente de Finanzas, cuya función es velar para que la organización mantenga una buena salud económica en todas sus operaciones, se interesa por los logros que se están obteniendo en materia de comunicaciones. En el año 2010, un gerente de Finanzas que había participado en una estrategia integrada de comunicación interna y se había capacitado en talleres de comunicación directiva, hizo un comentario muy interesante al finalizar el proceso. Durante un reportaje que estábamos realizando para un congreso de esta especialidad el profesional expresó: "Como gerente de Finanzas es difícil encontrar la relación directa entre la inversión que uno está haciendo y el beneficio que eso va a traer... y muchas veces no la va a ver en el papel. Pero cuando se sienta en la mesa a conversar con un colaborador suyo, ahí uno se da cuenta de que la inversión se pagó sola"[68].

En varios casos de mercado, cuando las seis premisas previas se han cumplido con éxito, el gerente financiero se

---

68. Newsletter RedINSIDE N° 37, "Comunicación Interna de Crisis". www.comunicacion1A.com .

une en un trabajo conjunto con los responsables de comunicación interna para responder la pregunta de esta premisa. Las prácticas demuestran muy buenas experiencias en este sentido, ya que en esta instancia los intereses de los departamentos de Comunicaciones y de Finanzas se complementan sinérgicamente. Como veremos en los dos casos de estudio al final de este capítulo, los gerentes de finanzas suelen acompañar al comunicador durante esta parte del camino y darle validez institucional ante la Gerencia General al indicador financiero que se obtenga de la gestión profesional de comunicaciones.

Tres variables económicas

Sociedad de responsabilidad ilimitada

Durante el año 2011 tuve oportunidad de dirigir un estudio sobre *Medición de la comunicación interna y* ROI. El llamado *return on investment* (o *retorno de la inversión*) es un porcentaje que representa el dinero que retorna a la compañía una vez realizada la inversión, en este caso, en la gestión de comunicación interna. Un proactivo equipo de profesionales de México y de la Argentina, con formación en comunicaciones y finanzas, me acompañó en la recopilación y análisis de las publicaciones sobre ROI realizadas en los Estados Unidos y Europa hasta ese momento, a los que sumé experiencias que recopilé personalmente en Latinoamérica. Los resultados de este trabajo fueron presentados en un seminario profesional con contenidos específicos sobre medición y retorno de la inversión en comunicación interna[69].

---

69. Tessi, Manuel, "Medición y ROI de la comunicación interna", Seminario realizado en la Argentina (Hotel Alvear, Buenos Aires, 2011 y 2012), en Perú (Hotel Westin, Lima, 2011) y en Chile (Universidad Mayor de Santiago, 2011), en www.ManuelTessi.com.

Fórmula básica para el cálculo de retorno de la inversión

$$ROI = \frac{Utilidad}{Inversión}$$

El índice general de ROI surge de dividir el beneficio económico que genera una acción por la cantidad de dinero invertido para llevarla a cabo. Su fórmula básica, como lo expresa el gráfico, es *utilidad sobre inversión*. El ROI en comunicación interna surge del monto de utilidad lograda con la intervención, dividido por el monto de dinero invertido en ella. Para la búsqueda de este porcentaje, los casos de vanguardia recomiendan orientar los esfuerzos de manera equilibrada para hallar estos dos coeficientes, tanto de utilidad como de inversión. En la práctica los comunicadores suelen destinar más energía para arribar a la suma de utilidad económica, que para calcular con rigor los recursos que se requirieron para llevarla a cabo. Esta falta de precisión en el cálculo final de la inversión es otra barrera de la séptima premisa, ya que los resultados finales de la fórmula no son correctos, y pueden desacreditar el trabajo final que presenta el área de Comunicaciones a la dirección de la empresa.

Durante el seminario profesional de medición y ROI, los participantes debían calcular el retorno de la inversión de una serie de casos seleccionados especialmente para su entrenamiento. A lo largo del taller no aparecían mayores dificultades para que los profesionales infirieran la utilidad económica de la intervención en comunicaciones. Lo que representaba mayor esfuerzo para ellos era calcular con precisión los costos de dicha intervención. Es por eso que un paso importante en el camino hacia la séptima premisa es que el profesional a cargo de estimar los montos invertidos lo haga con la mayor exactitud posible. A continuación, comparto algunas variables económicas que por sus características suelen pasarse por alto al momento de calcular la cantidad final de inversión.

Junto con el dinero aparecen dos variables que son claves de considerar en este proceso. Se trata de recursos que impactan de manera directa en la inversión pero, como no se expresan en sumas de dinero, pueden escapar al análisis financiero de los menos expertos. El cálculo justo de la inversión realizada en comunicaciones implica el *presupuesto* que se asignó para el caso, la *cantidad de personas* que se necesitó para llevarlo a cabo y el *tiempo relativo* que tomó toda la intervención.

Tres variables económicas por considerar para el cálculo de la inversión

- Dinero
- Tiempo
- Personas

Estas tres variables han sido especialmente atendidas en economía por la administración clásica, y constituyen referencias obligadas para determinar márgenes de rentabilidad en los negocios. Ellas generan índices individuales con indicadores tales como *horas, montos y cantidad de trabajadores*. Pero también, al cruzarse entre sí, pueden expresarse con coeficientes combinados. Eso le otorga mayor complejidad al cálculo de inversión, pero asegura un porcentaje final de ROI confiable. Veamos un ejemplo.

En empresas industriales suele usarse un indicador llamado "HH" (horas hombre) que combina el recurso *tiempo* por cada *persona* que trabaja en el proyecto que se analiza. En nuestra disciplina, en los casos en los que se implementan talleres de comunicación, la inversión realizada en esas capacitaciones se calcula sumando las horas de diseño, implementación y medición de las actividades junto con los honorarios que cobran los capacitadores externos. Pero en términos de "HH" también debe sumarse a este cálculo las horas que dejaron de trabajar los integrantes de la organización que asistieron a los talleres. El coeficiente de "HH" en este caso se genera a partir del valor económico de la hora de cada trabajador, el cual se calcula en relación con el salario que cobra.

Estas y otras particularidades que son propias de las ciencias económicas hacen muy conveniente la colaboración recíproca entre las áreas de Comunicación y Finanzas para darle respuestas certeras a la séptima premisa. En este contexto, ambos departamentos se complementan y generan una suerte de *sociedad de responsabilidad ilimitada*. Como veremos en el subtítulo siguiente, "Un ejemplo real", cuando los profesionales de comunicación pueden aplicar con éxito la sexta premisa, los financistas de la organización empiezan a ver en la comunicación interna una gran oportunidad de mejorar la economía. Por su parte, el Departamento de Comunicaciones encuentra en el área de Finanzas el socio ideal para avanzar con la séptima premisa y demostrar su aporte directo al negocio. El beneficio mutuo que se produce en esta instancia puede ser realmente ilimitado.

Un ejemplo real

El equipo sin líder

La comunicación, por su característica de ciencia *blanda*, puede adentrarse en sutiles *resquebraduras* que se generan en la organización y repararlas de manera decisiva. Con las mediciones adecuadas puede penetrar incluso en grietas imperceptibles que muchas veces las áreas, por desconocimiento, dejan *abiertas* o solo *revocan* superficialmente.

Cuando estos *parches* se aplican en ciertos conflictos laborales, suelen hacerle perder grandes oportunidades económicas a la empresa. Ante estas situaciones es importante que la compañía o las distintas áreas sepan que con una intervención de comunicación interna es posible reparar esas grietas de manera definitiva y, además, demostrar beneficios económicos para la organización.

En oportunidad de medir la comunicación interna del área de Operaciones en una empresa industrial, los indicadores integrados detectaron que uno de los equipos estaba *muy* orgulloso de gobernarse por el dictamen de los manuales y reglamentos operativos. Lo que para otras herramientas de medición hubiera sido un índice positivo, en las técnicas proyectivas apareció como una racionalización que, además de no mencionar al líder del equipo, parecía ocultar datos emotivo-afectivos. El análisis posterior de la técnica demostró que esa afirmación, un tanto rígida, era producida por una emocionalidad negativa latente dentro del grupo. Con este diagnóstico se realizó una intervención que consistió en dos talleres de comunicación, separados en el tiempo, para favorecer el proceso natural de mejora en los participantes.

El primer taller fue diseñado para llevar el conflicto del estado latente al manifiesto. Cuando se les ofreció la palabra, a través de una serie de dinámicas específicas, los participantes se expresaron abiertamente, hicieron catarsis y pusieron sobre la mesa las causas profundas del conflicto. Problemas de liderazgo y compañerismo surgidos un año antes habían generado una comunicación distante y fría entre ellos. Ante esa situación habían elegido una opción "políticamente correcta" para *revocar la grieta*: darle toda la autoridad y liderazgo a los manuales de procedimientos. Ante la falta de confianza entre ellos, el grupo acordó de manera tácita que la comunicación se rigiera exclusivamente por la palabra escrita de los reglamentos, confiando solo en el dictamen que surgían de sus procedimientos.

Durante el segundo taller se realizó una mesa de trabajo para analizar en grupo los inconvenientes que podía generar la falta de conversaciones en el equipo. Con herramientas y ejercicios prácticos, aprendieron que a través del diálogo podían extraer mayor *significado* de la información escrita contenida en los manuales. A partir de estas dinámicas el taller promovió que comenzaran a restablecerse las relaciones, solucionando poco a poco la problemática *blanda* que aquejaba al grupo desde hacía un año. Los acuerdos internos que generó este equipo permitieron recuperar la dinámica previa al conflicto, reponer la flexibilidad de interpretación y darle mayor criterio al aporte de los reglamentos. A juzgar por las métricas posteriores, sus comunicaciones mejoraron, tanto dentro del grupo como fuera de él, produciendo también mejoras en la relación inter-áreas.

A pesar de aquellos logros, los profesionales de comunicación mantuvieron el grupo bajo observación durante tres meses más. Antes de fin de año, lograron demostrar con indicadores financieros que los perjuicios emotivo-afectivos iniciales también habían relegado los índices de productividad en ese sector, lo cual había afectado además –aunque indirectamente– algunas operaciones de la fábrica. En este informe colaboró el área de Finanzas y su aporte fue decisivo para darle validez a todo el proceso de análisis económico realizado por los comunicadores.

Siete premisas en una palabra

La contraseña es "economy"

La séptima premisa, no por ser la última es la menos importante. Antes de pasar a los casos de estudio, quiero sumar un recurso que ayude a reforzar este punto de manera concreta, demostrando que sus postulados son tan relevantes como los de las premisas anteriores. Las ciencias económicas tienen un fuerte influjo en ámbitos del trabajo y establecen normas a las que todos los integrantes de la organización, cualquiera sea su puesto o función deben adaptarse. Como es lógico, la comunicación interna no está exenta de su alcance y así intenta recordarlo la séptima premisa. La búsqueda de indicadores económicos para la gestión de comunicaciones es una recomendación general, que va más allá del ámbito empresario, se dirige a todo tipo de organizaciones, incluso aquellas donde el lucro no es un objetivo. Instituciones públicas, políticas, gubernamentales o no gubernamentales también necesitan contar con una buena administración de recursos y lograr una economía sana para su supervivencia y desarrollo. Ninguno de estos organismos ignora que la comunicación interna es una excelente socia estratégica para cumplir con sus metas sin fines de lucro. Aunque no siempre tienen en cuenta que los aportes de la séptima premisa también son para ellos.

Para no pasar por alto este importante principio, decidí resumir todas las premisas de gestión en una sola palabra, asegurándome de que esa síntesis estuviera relacionada específicamente con la séptima. Como regla mnemotécnica, entonces, busqué un vocablo que cumpliera con dos requisitos: primero que tuviera siete letras, al igual que la cantidad de premisas, y segundo, que tuviera un significado que recordara el aporte económico que la comunicación interna puede darle a toda la organización. Así arribé a "ECONOMY":

> **E** scuchar primero
> **C** apitalizar las quejas
> **O** rdenar la emisión
> **N** arrar con significado
> **O** frecer la palabra
> **M** edir los logros
> **Y** el cuadro de resultados?

Esta palabra busca sumar una ayudamemoria para la gestión sin más pretensión que sintetizar las siete premisas en un solo vocablo. Pero aun así, el término elegido no es cualquier palabra de siete letras, sino una que asocia la gestión de comunicaciones a la economía organizacional. En este sentido, el hecho de que sea una palabra de origen anglosajón tampoco es arbitrario. Si bien en idioma español ECONOMÍA tiene ocho letras y escapa al número mnemotécnico buscado, no es la cantidad de caracteres el motivo por el cual las premisas se resumen con una palabra en inglés. En lo personal, este término me ha servido como una suerte de "contraseña" para descifrar algunos problemas de comunicación interna que requerían un tratamiento más profundo o para intervenciones integradas que buscaban impactar en el cuadro de resultados. En caso de que al lector le interese este vocablo en particular, y la relación que hago con él y las siete premisas, sumo a continuación unos párrafos más sobre los motivos que me llevaron a elegirlo.

Economía en inglés

Ambition *vs. Ambición*

Como vimos en la introducción, desde hace dos décadas las mediciones en ámbitos laborales comenzaron a mostrar un aumento inusitado de problemas en comunicación. Durante ese mismo período, el trabajo humano se vio fuertemente influenciado por la globalización de la economía que se amplió y profundizó, como nunca antes, a partir de la década de los noventa[70]. Desde entonces, todos los países tuvieron cambios de paradigmas vinculados a la actividad

---

70. La globalización de la economía toma su mayor ímpetu a partir de dos hechos significativos: la caída del Muro de Berlín, en noviembre de 1989, y la disolución de la Unión Soviética, en diciembre de 1991.

laboral. En mi opinión, no es solo una casualidad que ambos sucesos –problemas crecientes de comunicación y globalización progresiva de la economía– se hayan dado con tanta fuerza en el mismo período. En esos años, muchos profesionales pudimos comprobar en carne propia que estaba surgiendo una nueva forma de trabajar y de comunicarse dentro de nuestras organizaciones, y que la principal causa era la globalización de los mercados. Poco a poco, se homogeneizaban culturas, hábitos y costumbres diferentes y, si bien todos los países debían adaptarse a esta transformación, las raíces culturales de ese cambio provenían fundamentalmente de países nórdicos y anglosajones, que eran los que protagonizaban dicha globalización.

¿Qué implicancias tuvo este proceso en la comunicación interna? Los cambios más evidentes fueron tecnológicos e idiomáticos. En el primer caso, ya lo hemos profundizado en páginas anteriores, determinando la influencia que generaron (y aún generan) las nuevas redes como Internet y la telefonía móvil en la gestión de comunicación interna. En términos idiomáticos, algunos cambios requirieron acciones simples y rápidas, como las que implicaban traducción, pero hubo otras mucho más sutiles y profundas, que requerían interpretación. Junto con numerosas fusiones, adquisiciones y regionalizaciones de empresas, surgieron nuevas formas de denominar funciones, puestos, profesiones, procedimientos y otros aspectos del trabajo cotidiano. En muchos casos, las frases y palabras que enmarcaban los nuevos objetivos laborales tenían raíces etimológicas diferentes, que requerían un tiempo de análisis –que no siempre había– para poder alinear las estrategias de comunicación a otras lenguas y culturas.

Los ejemplos con diferencias idiomáticas, que requerían interpretación antes que traducción, se multiplicaban en todos los ámbitos del trabajo. Uno de los más importantes se daba en la comunicación de *misión, visión y valores* de las empresas globales. Todos recibían esa redacción con los fundamentos e instrucciones en inglés. Pero no era el idioma en lo que corresponde a transcripción, sino el lenguaje en cuanto a semántica lo que generaba brechas comunicacionales. Puntualmente, en los casos de *misión, visión y valores*, las brechas más evidentes aparecían en el significado de los valores de la compañía. Muchos de ellos solían mostrar una raíz ética diferente que era vital interpretar en su justo significado. Algunos de los términos que provenían de la casa matriz producían un choque semántico, que luego repercutía en aspectos conductuales, culturales y éticos de los trabajadores en otras regiones del mundo.

En un caso reciente de una empresa británica, había que comunicar los *valores* en las sucursales que la corporación tenía en más de treinta países. Muchas de ellas eran organizaciones locales que la casa central había ido adquiriendo en el proceso de globalización. El CEO de aquella compañía, antes de asumir como tal, se había desempeñado como gerente regional en Hispanoamérica y gracias a aquella experiencia observó rápidamente las brechas de sentido –no de idioma– que había en los lineamientos que debía transmitir. El problema más evidente se daba en uno de los tres valores que promovía la corporación, representado en la palabra *ambition*. Sabía que en ciertos países ese término no tendría la misma connotación que en la cultura anglosajona.

Para comunicar lo solicitado, el CEO produjo un video en el que transmitió personalmente los *valores*, asegurándose de darle una semántica unificadora al término en cuestión. No ignoraba que el vocablo *ambition* era de gran estímulo para un trabajador de cultura protestante, pero también sabía que sería disonante para un trabajador latino o de religión católica. Cuando el Directorio le preguntó acerca de este punto, el CEO comentó sobre la brecha de sentido que existía en la lengua hispana con algunos términos sajones. Para explicarse, recordó una frase del máximo exponente de la lengua hispana, Miguel de Cervantes: "Pocas o ninguna vez se cumple con la ambición que no sea con daño de tercero". El Directorio comprendió que, sin invertir en una narración significante, la palabra *ambición* no sería considerada un valor en las muchas operaciones que tenían en Hispanoamérica.

Economía en inglés II

Más allá del diccionario

No es novedad que el enfoque en las teorías económicas varía de acuerdo con la región del mundo donde surgen. Muchas veces, se fundamentan en políticas, éticas o religiones que son propias del lugar de origen. Hace más de un siglo, Max Weber anticipaba que el capitalismo tenía raíces profundas en la ética protestante[71]. Es por eso que en términos de comunicación interna el cambio de idioma involucra mucho más que una traducción, implica un análisis semántico y una cosmovisión que permitan lograr mensajes con sentido en todos los países. El tema es profundo, y podrían analizarse otras transformaciones asociadas a la globalización que también influyeron en las comunicaciones internas, pero a efectos de este apartado solo quiero recordar que esos cambios –por muchos y variados que sean– partieron siempre desde un mismo punto: la economía.

En los últimos veinte años, el contexto económico global requirió ser interpretado –no solo transcripto– por la gestión de comunicación interna. Y, mal que nos pese a los profesionales de esta disciplina, el objetivo no siempre se logró. En mi opinión, esa falta de adaptación es otro de los motivos por los cuales nuestra especialidad quedó relegada

---

71. Weber, Max, *La ética protestante y el espíritu del capitalismo*, edición original de 1905.

en los últimos veinte años, en comparación a otras ramas de la comunicación organizacional, como el marketing o la publicidad, que en el mismo período crecieron de manera exponencial. Muchas organizaciones no llegaron a dimensionar suficientemente la influencia que los cambios económicos estaban generando en sus comunicaciones laborales. A partir de esa exigua valoración, y de manera más o menos consciente, muchas de ellas cometieron el error de desvincular la gestión de comunicación interna de los principales indicadores económicos de la organización.

Es por eso que en las páginas anteriores, para sintetizar las siete premisas, elegí la palabra *economía*, con el fin de aportar un granito de arena al trabajo que están haciendo muchos profesionales que buscan evitar la frecuente desvinculación que se hace de esta disciplina y el cuadro de resultados de la empresa. Y elijo esta palabra, no en mi idioma, sino escrita en inglés, para recordar que *economy*, en un sentido filosófico profundo, no es lo mismo que *economía*. En sus raíces éticas y religiosas el término anglosajón significa algo distinto de lo que describe el diccionario. Hace referencia a una forma de relacionarse con el dinero, la riqueza y los bienes materiales que es bastante diferente a la que se produce en otras regiones del mundo, en particular en los países hispanos.

Cada cultura tiene cimientos y significados propios, valiosos todos y siempre libres de juicios o prejuicios cuando el análisis que se hace de ellos es profundo y empático. En lo concreto, para la gestión profesional de comunicación interna, es necesario tener presente que hoy el mundo laboral está influenciado por un enfoque económico particular y específico. En las reglas de la globalización económica, las organizaciones modernas, con fines de lucro o sin estos, reciben esta influencia en todas sus comunicaciones. En este sentido, la séptima premisa busca recordar la importancia crucial que tiene para este paradigma global que las acciones profesionales de comunicación interna aporten de manera concreta a la economía organizacional. Por ende, los comunicadores que logren indicadores financieros de su gestión lograrán un fuerte desarrollo profesional y disciplinario.

Para finalizar, y también con ánimo de darle mayor énfasis a la séptima premisa, presento dos casos de estudio, y no solo uno como en las premisas anteriores. Asimismo, uno de ellos hace referencia a un contexto de crisis muy fuerte en el que me tocó participar personalmente: el terremoto de Chile de 2010. Esta selección casuística no es arbitraria, lo elegí porque demuestra que cuando las organizaciones están convencidas del alcance y valor de esta disciplina, los coeficientes económicos que aportan con sus acciones pueden hallarse hasta en las situaciones más complicadas.

DOS CASOS DE ESTUDIO

Comunicación inter-áreas

Unas "palabras" a cargo del gerente de "números"

Cuando la filial mexicana de una corporación vinculada al rubro automotor realizó su primera métrica integrada de comunicación interna descubrió que tenía una importante oportunidad de mejora en sus comunicaciones horizontales. El equipo de profesionales que generó la medición realizó la presentación del diagnóstico al comité de dirección y recomendó especialmente intervenir en esta problemática, por el impacto positivo que podía tener en los resultados de negocio. Durante esa presentación, los directores de las áreas de Finanzas y Comercial consideraron particularmente esta sugerencia, ya que veían en ella una gran oportunidad para potenciar los procesos comunes y mejorar sus indicadores a partir de enfocarse en las relaciones que se daban entre los vendedores y los integrantes del sector financiero.

Para llevar adelante el caso, el equipo de Comunicaciones se reunió primero con los directivos de ambas áreas y se concentró en las necesidades específicas de comunicación, sin mencionar a priori la posibilidad de hallar una renta económica con la intervención. Los directores apenas habían concedido cuarenta y cinco minutos para la reunión de *brief*, por lo que este grupo se remitió solo a profundizar en las posibles causas de las problemáticas de comunicación horizontal que habían aparecido en el diagnóstico. Al finalizar el encuentro, supieron que los integrantes del sector de Finanzas argüían que el área Comercial *no les daba respuesta suficiente a sus pedidos de información*, mientras que los comerciales se defendían diciendo que *los financieros eran burocráticos y no entendían las necesidades del área Comercial*. Uno de los principales tópicos que los directivos mencionaron fue que, al no estar bien comunicados entre financistas y vendedores, se estaban produciendo quiebres en la cadena de valor de la empresa. Esta situación hacía que, finalmente, la problemática repercutiera en todo el negocio, y afectara, incluso, a los clientes.

Ese último dato resultó relevante para el objetivo –aún no declarado– de buscar un retorno de inversión de las acciones comunicacionales que se implementarían. Gracias a la experiencia en casos similares, los profesionales de comunicación sabían que los problemas en la cadena de valor solían generar pérdidas ocultas en la economía organizacional. Este tipo de mermas, como su nombre lo indica, permanecen veladas para el negocio y por su indefinición pueden afectar por largos períodos los estados financieros de la empresa. Pero la experiencia también decía que donde hay pérdidas ocultas, la comunicación interna tenía una gran oportunidad de demostrar la efectividad de su gestión con indicadores económicos. El equipo de comunicadores tomó nota de esta particularidad en la planilla de *brief*, para atenderla especialmente durante la planificación e implementación de la estrategia.

En términos comunicacionales, la experiencia de campo también demuestra que las problemáticas inter-áreas suelen fundamentarse en la falta de relacionamiento y conocimiento entre los integrantes de los distintos sectores. En particular, la variable *conocimiento* resulta clave para lograr una efectividad sustentable en los resultados de comunicación interna. Cuando los trabajadores de las diferentes áreas no se conocen suficientemente entre sí, las relaciones laborales tienden a deteriorarse, aumentando el desconocimiento de las tareas, las necesidades y los objetivos del resto de los sectores. Esta situación de fragmentación organizacional, encasillamiento profesional y falta de empatía comunicacional, genera retrasos severos en la economía de la empresa. Al no conocerse entre sí y comunicarse solo por palabra escrita a través de canales remotos, los trabajadores suelen distanciarse cada vez más.

El trabajo de campo demuestra que mientras más grande es la *distancia* entre los empleados a la hora de comunicarse, mayor es la tendencia que tiene la organización a padecer conflictos, tanto interpersonales como departamentales o institucionales. Al mismo tiempo dicha *distancia* puede castigar la productividad, la eficiencia y la sinergia, socavando, de manera sutil pero muy concreta, los resultados económicos expresados en el cuadro financiero. En el caso de esta compañía mexicana, la situación no era diferente, por lo que los profesionales de comunicación decidieron profundizar en el concepto proxémico de *distancia* y su relación con la comunicación interna. Para ello investigaron los estudios y teorías de diferentes autores que aportaron conocimientos que permitieron asegurar un diseño efectivo de la estrategia.

Edward T. Hall advierte, en su Teoría del Espacio, que existen variadas *distancias* que se dan en la interacción humana, y las relaciona con las diferencias culturales (nórdicas y latinas, por ejemplo) y también con el nivel de conocimiento que tienen entre sí las personas que interactúan. En sus estudios, aporta una clasificación que permite mensurar la distancia física que se genera en diversos intercambios comunicacionales. Una de esas clasificaciones es la *distancia personal,* determinada por un espacio no mayor al de un brazo extendido. Este antropólogo postuló en la década del sesenta que la *distancia personal* es la que se da, por ejemplo, en oficinas y lugares laborales, donde se realizan reuniones o conversaciones de trabajo. Otra clasificación que por entonces aportó Hall es la *distancia social,* que define un espacio físico mayor de separación entre las personas y que se da exclusivamente cuando quienes interactúan son extraños[72]. Los profesionales a cargo del caso comprobaron que en esta problemática de comunicación inter-áreas resultaba que los trabajadores de ambos sectores nunca habían llegado a un espacio comunicativo de *distancia personal,* como el que determina Hall para las interacciones laborales, y que, en cambio, se habían relacionado históricamente como extraños.

En su libro *La empresa terapéutica,* James Tucker explica de manera práctica, a través de casos reales, cómo las intervenciones que acortan la *distancia social* en el ámbito del trabajo aportan numerosas ventajas a la organización y sus integrantes[73]. Para ello resulta clave que los trabajadores se conozcan y relacionen entre sí. El acercamiento se da ya no solo en la comunicación vertical –entre distintos niveles jerárquicos, como demuestra Tucker–, sino también en la comunicación horizontal que se genera entre áreas. Los profesionales a cargo de este caso comprobaron que, es-

---

72. Hall, Edward T., *La dimensión oculta,* Siglo XXI Editores.
73. Tucker, James, *La empresa terapéutica. Los conflictos y el control social en las organizaciones,* Oxford University Press, México.

cudados tras los medios de comunicación tecnológicos, los integrantes de ambos sectores se mantenían muy distantes de sus colegas, mientras afirmaban categóricamente que estaban comunicándose todos los días. Los intercambios concentrados solo en correos u otros canales no presenciales hacían que la relación entre las áreas fuese cada vez más tensa, defensiva y proclive a los conflictos. Al no conocerse ni relacionarse personalmente entre sí, los trabajadores confirmaban en cada intercambio escrito que el problema no era *suyo*. (En mi experiencia, cuando profundicé en este tipo de conflictos, hallé que existía una relación directa entre el *desconocimiento* de las partes y la *impunidad* de sus mensajes, análisis que sinteticé en el artículo *La culpa es de los otros*.)[74]

El equipo de comunicaciones a cargo de la intervención no dudó en orientar las acciones comunicativas hacia la dimensión interpersonal, con el fin de asegurar acciones de comunicación presencial. Sabía que las dinámicas generadas en esta dimensión podían ser muy potentes para que los trabajadores eliminen preconceptos sobre el otro sector, ya que, en general, esos prejuicios suelen alimentarse en la *distancia social* y en el *desconocimiento* de los compañeros de trabajo. En un sentido más directo, estas acciones fueron también diseñadas para disipar dudas, confusiones y quiebres en la cadena de valor. Al implementarse las acciones cara a cara los gerentes de ambas áreas comprobaron que muchos de estos clientes y proveedores internos nunca habían conversado en persona hasta aquel momento y que el conocimiento que tenían de los integrantes del otro sector era extremadamente superficial.

Por tales motivos, uno de los objetivos metodológicos de la intervención era minimizar la impunidad en la comunicación escrita y ganar terreno con un nuevo flujo de comu-

---

[74]. Tessi, Manuel, comunicación inter-áreas: "La culpa es de los otros", artículo publicado en el newsletter RedINSIDE N° 36, en www.comunicacion1A.com.

nicaciones orales. La impunidad se reflejaba en la falta de responsabilidad que los integrantes de cada área tenían sobre los mensajes emitidos: ignoraban los correos recibidos, tardaban en contestarlos o no daban respuesta de fondo a las necesidades del otro. La apuesta de la estrategia de comunicación se basaba en que las nuevas acciones presenciales tuvieran repercusión en el tiempo. Los comunicadores sabían que cuando los trabajadores debaten, se escuchan y comparten experiencias en intercambios cara a cara, luego, al volver a los puestos de trabajo, sus comunicaciones escritas difícilmente vuelven a ser las de antes. Al finalizar estos encuentros, uno de los participantes resumió el proceso con la siguiente frase: "ahora los mails, además de un nombre, tendrán una cara".

De tal manera, el proceso no buscó reemplazar todas las comunicaciones escritas por intercambios orales, sino darle una impronta cara a cara a los futuros mensajes remotos que requiere el trabajo inter-áreas. De hecho, la implementación comenzó con una encuesta escrita para evaluar el estado de la comunicación entre los dos sectores, la cual fue contestada por todos sus integrantes. Cada trabajador calificó la comunicación de los otros y también se evaluó a sí mismo como comunicador. Luego, se realizó la primera actividad presencial a la que asistieron los representantes de ambas áreas con sus respectivos directores. En ese espacio se presentaron los resultados de la encuesta y los participantes profundizaron en los motivos por los cuales la comunicación no era efectiva, y analizaron qué acciones podían emprender de manera cooperativa para mejorarla. Esta dinámica incluyó una serie de debates guiados, segmentados en grupos pequeños de clientes y proveedores internos, que aseguraron el intercambio presencial de todos los presentes a la vez que mantuvo las discusiones bajo control. Para finalizar, los mismos grupos organizaron diferentes equipos inter-áreas y se comprometieron a trabajar en las iniciativas establecidas de manera conjunta. Entre los compromisos asumidos estaba la presentación de sus resultados en una próxima actividad presencial, planificada para el siguiente mes.

La estrategia contempló también dos actividades más para fomentar el conocimiento de los procesos de cada área. La primera se tituló "Cuéntame sobre tu área", y consistió en una charla que realizó el gerente de Finanzas a todo el equipo comercial. Durante la misma charla compartió los motivos por los cuales los procesos de finanzas requerían una estrecha colaboración de quienes estaban a cargo de las ventas. Destacó el impacto que tenía en los resultados del negocio una buena gestión financiera y cómo el área comercial tenía un rol capital en ella. Como parte de este acercamiento, respondió preguntas específicas que los vendedores formularon con total libertad. El gerente comercial hizo lo propio ante los colaboradores de Finanzas, dio una charla y compartió las necesidades de las operaciones comerciales y su vínculo con el trabajo que realizaba el equipo financiero.

La segunda actividad se denominó "Un día con…", y fue diseñada para elevar los coeficientes de empatía de los distintos grupos. La dinámica consistió en que tres integrantes de cada área compartieran una jornada laboral completa en el otro sector. Esto significaba vivenciar de manera directa cómo era la tarea en ese departamento y qué desafíos debían enfrentar en la relación diaria con los integrantes de la otra área. Luego de un mes, al llegar la segunda reunión presencial inter-áreas, los seis participantes compartieron sus experiencias frente al resto, destacando cómo la vivencia develó sus propios prejuicios. Uno de los ejemplos más ilustrativos se dio cuando uno de los financistas, que recorrió parte de la ciudad de México, acompañando a un vendedor en la visita diaria a clientes, dijo: "Yo pensé que los comerciales comían en restaurantes caros…

pero debo admitir que el menú del comedor de planta es mucho mejor que el de esos puestos callejeros". Los seis trabajadores también fueron entrevistados por el equipo de Comunicaciones y se redactó una nota alusiva, que se publicó en la revista y en la intranet de la compañía.

La implementación concluyó con una segunda actividad presencial donde también se compartieron los resultados del trabajo realizado por los equipos inter-áreas formados en la primera reunión. Acto seguido, los integrantes de cada grupo definieron líneas de acción futuras para sostener las mejoras alcanzadas y se votaron los responsables para cada función. Un mes después del cierre de esta actividad, el equipo de comunicaciones volvió a aplicar la encuesta inicial para medir el estado en las comunicaciones. La efectividad de la intervención se reflejó con claridad en esa medición, a través de una brecha que se diferenciaba de manera considerable de las opiniones surgidas en la primera encuesta. Como parte del proceso de seguimiento, a fin de año el equipo de Comunicaciones realizó dos entrevistas más con los gerentes de ambas áreas, y se les preguntó cuáles eran sus percepciones luego de la intervención y si habían logrado sostener las mejoras en el tiempo.

Los líderes de las dos áreas comentaron que el proceso había sido muy positivo y que la comunicación entre ambos sectores había mejorado sensiblemente. Complementaron sus respuestas con diferentes ejemplos que demostraban una clara mejora en las relaciones inter-áreas, pero para ambos gerentes la principal muestra de efectividad se hallaba en el impacto que la comunicación interna había tenido en ciertos indicadores del negocio. Durante las entrevistas, mencionaron algunos objetivos que eran claves para sus áreas, y citaron particularmente el indicador de *cartera vencida* (fundamental para medir la gestión financiera) y el índice de *incremento en las ventas* (central para el área comercial). Después de la intervención, ambos indicadores mostraron una evolución positiva y con esa tendencia los profesionales de comunicación pudieron acceder al siguiente nivel de evaluación de su trabajo, es decir, a la séptima premisa. A partir de allí centraron el cuestionario de la entrevista en otro tipo de preguntas que habían preparado para vincular la comunicación interna con los resultados económicos.

El gerente comercial explicó que luego de las acciones comunicacionales inter-áreas las ventas alcanzadas por los comerciales se habían incrementado en 29 % respecto al año anterior y que, incluso, habían crecido 9 % por encima del promedio del mercado (que solo había aumentado las ventas en 20 %). El de Finanzas, por su parte, hizo hincapié en el indicador de *cartera vencida,* y explicó que ese índice era clave para su sector puesto que se encargaba de medir el atraso en los pagos comprometidos por los clientes. Desde hacía algunos años el indicador de *cartera vencida* había alcanzado los dos dígitos, situación que preocupaba mucho a este directivo, ya que cada día de demora en la cobranza le significaba un costo financiero muy alto. Esto quería decir que la compañía no contaba en tiempo y forma con el ingreso planificado por el área de Finanzas. El gerente comentó, además, que a partir de la intervención de comunicación, y fruto de un trabajo más coordinado entre financieros y vendedores, habían logrado reducir la *cartera vencida* del 12 al 2 %. En la entrevista destacó que esta situación representaba un hito histórico en la corporación a nivel internacional y significaba un ahorro en dinero perfectamente ponderable.

Con estos testimonios, el equipo de Comunicaciones corroboró las inferencias iniciales sobre posibles pérdidas ocultas en la cadena de valor y comenzó a buscar un porcentaje de retorno de inversión de las acciones de comunicación inter-áreas que había impulsado. Para esta labor volvieron a solicitar el asesoramiento de ambos gerentes y, luego de unas semanas de trabajo, arribaron a una cifra nada despreciable. Con la validación del gerente financiero, hallaron que el impacto de la intervención de comunicaciones en el cuadro de resultados podía ponderarse en casi medio millón de dólares. Una cifra muy significativa en relación con los escasos montos que se habían destinado para invertir en la estrategia de comunicación inter-áreas. La relación costo-beneficio de este caso fue tan emblemática que, incluso, logró repercusión en ámbitos universitarios. En 2011, pasó a formar parte del ciclo de seminarios de "Medición y ROI de la comunicación interna", y en 2012, se presentó el caso por escrito[75]. Los gerentes de Finanzas y Ventas de esta compañía mexicana brindaron reportajes filmados para la exposición del caso en los seminarios. El testimonio resultó muy atractivo para profesionales y estudiantes de comunicación, y se sorprendieron positivamente al ver que un financista afirmaba que la gestión de Comunicaciones Internas había impactado de manera directa en el cuadro de resultados de la empresa. Para todos los que trabajamos en esta especialidad resultó muy motivador escuchar esas "palabras" en boca de un gerente de "números".

El caso del terremoto

Experiencia en primera persona

Las crisis son siempre indeseadas, aparecen en el momento en el que menos se las espera y, en términos laborales, las organizaciones deben recurrir a toda su creatividad y al máximo apoyo de su gente para superarlas. Existen distintos tipos de crisis que afectan al trabajo humano, algunas

---

[75]. Newsletter REdINSIDE Nº 39, "Medición y ROI de la Comunicación Interna. Caso de comunicación inter-áreas e impacto en el negocio". www.comunicacion1A.com.

son internas y otras externas, se pueden generar por conflictos con los colaboradores o por problemas económicos coyunturales. Si bien todas son indeseadas y mayormente inesperadas, las que provienen de catástrofes naturales son en verdad muy desconcertantes. En los últimos años, varias regiones del mundo han sufrido sismos y tsunamis que dejaron perpleja a toda la humanidad. En Latinoamérica, hubo una catástrofe de gran significancia en 2010, que requirió del trabajo mancomunado de mucha gente: el terremoto de Chile. Quienes estuvimos presentes en el momento en que se produjo el siniestro jamás olvidaremos aquel evento, ni su fecha, horario y duración. Tres eternos minutos, a partir de las 3:34 am del sábado 27 de febrero. Aún hoy, con solo pronunciar "27F", se conmueve toda la sociedad chilena.

Según mi experiencia trabajando en aquel aguerrido país, las empresas que durante los años previos al terremoto realizaron una gestión profesional de sus comunicaciones internas, lograron una recuperación veloz después de la catástrofe. Desde 2005, había empezado a participar en algunos casos en Chile, junto a un equipo de profesionales locales, con buenos resultados, expresados mayormente con indicadores no financieros. Pero en 2010 pudimos comprobar que las prácticas realizadas en años anteriores habían tenido un impacto distinto al reflejado por las métricas de la sexta premisa. Un ejemplo en este sentido se dio en una planta industrial ubicada en la ciudad de Santiago, que había quedado completamente inoperante por el sismo de ocho grados en la escala de Richter que sufrió la capital chilena. Se trataba de una empresa multinacional, de capitales europeos, que por el tipo de servicio público que brindaba no podía dejar de operar en ningún momento. Cuando se analizaron los daños de la planta producidos por el movimiento telúrico se comprobó que la restauración tomaría varias semanas. Sin embargo, el centenar de trabajadores que operaban en ella la puso a funcionar en solo siete días.

Según testimonios de los directivos de la empresa, los operarios comenzaron a trabajar por propia decisión ese mismo fin de semana, a pesar de que sábado y domingo no eran jornadas laborables para la mayoría de ellos. En la madrugada del día del siniestro, Santiago estaba colapsada y, además de la falta de luz, gas y agua, las calles tampoco contaban con iluminación, semáforos ni transporte público. A pesar de estas contingencias, la mayor parte de los operarios se dio cita en la planta cuando aún era de noche, y algunos hasta arribaron apenas cuarenta y cinco minutos después de la catástrofe. Muchas bicicletas y algunos vehículos particulares, propios o prestados, fueron los medios de transporte ese día. A las 6:00 am ya estaba la mayoría del personal trabajando en la reconstrucción y, a los pocos días, algunos sectores de la planta empezaron a operar de manera parcial. Este primer avance fue un récord, pero el mayor logro se dio a los siete días, con la recuperación total de la planta, que recobró el nivel de producción al cien por ciento de su capacidad.

Desde un principio, los directivos de Europa se habían mostrado muy preocupados por las consecuencias del siniestro. Como sabían que no se habían generado accidentes humanos, le ofrecieron al gerente general de la planta ayuda financiera para recuperar la operación en el menor plazo posible. Tenían un informe completo de las muchas pérdidas materiales que había sufrido la infraestructura y estimaban que con una ayuda en la inversión económica la producción podría recuperarse en quince días. El gerente, confiado en el entrenamiento que había recibido su gente en los años anteriores, declinó la oferta, ya que encontraba en la situación una posibilidad para que se consolidaran como equipo. Cuando la planta estuvo en pleno funcionamiento, los directivos europeos se sorprendieron y consultaron intrigados el motivo de esa veloz recuperación. Como respuesta, el gerente citó palabras textuales que los mismos empleados dijeron en las mediciones: "este logro se debe a la unión que alcanzamos con los talleres de comunicación interna realizados en los años anteriores".

A principios de 2009, un año antes del terremoto, entrevistamos al gerente general de esta empresa con el objetivo de preparar un caso de estudio en Chile. Las prácticas de comunicación en esta empresa habían sido elegidas para formar parte de un seminario internacional de *Comunicación interna de crisis*. Este se realizaría ese año en distintas universidades hispanoparlantes con prácticas de diferentes países. El objetivo de esa actividad era hacer un aporte con herramientas de comunicación a la situación crítica que estaba viviendo la economía global en 2009. Durante aquella entrevista, el dirigente contó que había planificado una estrategia de comunicación interna de dos años como una forma de "entrenamiento" para todos los empleados de la organización. La planificación incluía diagnósticos periódicos y talleres de comunicación interna para todos los integrantes de la planta industrial, comenzando por el comité directivo que él mismo encabezaba.

El gerente enfatizó que por el tipo de servicio que brindaba la empresa, la crisis financiera de 2009 no les estaba afectando demasiado, pero que de todas maneras veía en la comunicación interna una forma de prevenir cualquier tipo de crisis. Según sus palabras, con la estrategia de comunicación quería "darle músculo a la organización" y prepararla para imponderables, ya que toda crisis –aseguraba en la entrevista– era por naturaleza inesperada. "Debemos estar preparados" era el mensaje que daba a sus reportes y a los jefes de equipo cuando le preguntaban el objetivo de la estrategia de comunicación interna. En el reportaje, el dirigente bromeaba con que los trabajadores en un principio se resistieron a los talleres, al tiempo que le preguntaban: "¿Preparados para qué, jefe? ¿Qué prevé usted que pase?", a lo que él respondía simplemente: "La verdad, no tengo idea. Pero debemos estar preparados".

Luego del terremoto, todos comprobaron que la anticipación del directivo había generado frutos multiplicados. La rápida reactivación evitó pérdidas millonarias, que eran muy importantes en relación con la escasa inversión que había requerido la estrategia de comunicación interna. Como mencioné, en las mediciones posteriores, generadas para definir las causas de esta veloz recuperación, los empleados señalaron que la estrategia de comunicación era la principal variable. Pero más allá de las encuestas, esta mención aparecía de manera espontánea en la mayoría de los trabajadores. En las sesiones de escucha, los operarios dijeron abiertamente que, al contar con herramientas de comunicación interpersonal, el arduo trabajo de organización para reconstruir la planta –en medio del caos– había sido mucho más fácil. Varios reconocieron ante el gerente que, de no ser por los talleres –a los que en un principio se resistieron–, la situación hubiera sido muy diferente. Entre esos empleados se hallaban los miembros del sindicato.

Casi cuatro años antes, durante una difícil negociación colectiva de trabajo, los integrantes del gremio se habían enfrentado con la directiva de la empresa. En aquel momento los trabajadores estaban divididos en sus opiniones, asumiendo posiciones enfrentadas a favor y en contra de la compañía. Aquel conflicto marcó negativamente a la organización durante mucho tiempo. En el primer año que se implementó la estrategia de comunicaciones empezaron a descargarse los enconos y los trabajadores comenzaron a reconstruir relaciones. En las entrevistas posteriores al terremoto, los integrantes de la planta recordaron aquel momento y coincidieron en que los talleres de comunicación interna los habían vuelto a unir. Sin embargo, admitieron que no habían dimensionado lo logrado hasta que devino la catástrofe. Esa fue la *prueba de fuego*.

Con los excelentes indicadores no financieros que presentaba la intervención en 2009, el caso ya era una práctica destacada. Pero luego, cuando nadie lo esperaba, debió superar un examen mayor: el terremoto. Acaso con el testimonio de los trabajadores hubiera sido suficiente para darle créditos a las acciones de comunicación, pero esta empresa no dejó pasar la oportunidad para sumar *números* a las *palabras* de los empleados. Tres meses después del sismo, el gerente general se reunió con el gerente de Finanzas para calcular el retorno económico de la inversión realizada en comunicación interna. Luego de unas semanas de trabajo, el área financiera presentó un informe completo de los montos de la inversión y de las erogaciones que la empresa había evitado gracias a la veloz reconstrucción de la planta.

El gerente general agregó otros datos valiosos al informe y corroboró que si los plazos de reactivación se hubieran atrasado unas semanas más, tal como habían previsto los directivos de Europa, la compañía habría tenido serias pérdidas. Solo en materia de sanciones los montos habrían sido exorbitantes. Al prestar un servicio público, las normas gubernamentales son muy estrictas en caso de que la empresa corte la prestación a la ciudadanía. Con la pronta recuperación de la planta que realizaron los trabajadores, la organización evitó pérdidas muy por encima del millón de dólares, sin contar intangibles. El monto total de la inversión realizada en comunicaciones durante los tres años anteriores apenas llegaba al 8 % de las sumas que se evitaron perder. De tal manera, este caso pasó a formar parte de las prácticas destacadas en seminarios de mediciones, no solo por los excelentes indicadores no financieros que arrojó durante 2009, sino también por la cantidad de dinero que evitó perder en erogaciones durante 2010.

V

TENDENCIA

PALABRAS FINALES

*Toda dificultad eludida se convertirá más tarde
en un fantasma que perturbará nuestro reposo.*
Frédéric Chopin
(1810-1849)

Las tendencias mundiales en materia de comunicación interna son negativas.
La lista de investigaciones con emergentes preocupantes
es larga y en la actualidad sigue creciendo.

Pero muchas de estas acuciantes problemáticas
pueden revertirse aplicando las premisas vistas en los capítulos anteriores,
ya que cada una de estas fue pensada a partir de esas tendencias.

La mayoría de las investigaciones afirman
que las acciones prioritarias en comunicación interna son tres:
entrenar a los líderes en su rol de comunicadores,
contar con modelos de gestión e implementar métricas específicas.

Cuando los profesionales de esta especialidad no eluden la tarea
de incorporar metodología, mediciones específicas y talleres de comunicación para
los roles de conducción, crecen en su accionar como consultores internos.

El futuro más próspero que podemos desear para la comunicación interna
es aquel en el que todos los integrantes de la organización
ejercen su rol como comunicadores estratégicos.

Tendencias generales

Similitudes mundiales

Las tendencias de comunicación interna que surgen de investigaciones publicadas en los últimos quince años muestran una llamativa coincidencia en los índices generales, indistintamente de la fuente que las aporta o del país del que provienen. Como anticipé en el capítulo inicial, estos estudios anuncian año a año un crecimiento de la comunicación interna a nivel mundial, pero más como *problema* que como *disciplina*. Las investigaciones provenientes de Europa, Estados Unidos, Canadá, Australia y Latinoamérica coinciden en sus principales emergentes. La tendencia comenzó a surgir en la última década del siglo anterior, y fue creciendo sin pausa hasta la actualidad. Veamos a continuación algunos ejemplos representativos.

A fines de los años noventa, una encuesta sobre cambio cultural en las empresas, realizada a más de quinientos directivos, concluía que la comunicación interna era "un obstáculo". Los encuestados –altos ejecutivos de compañías con sede en Australia, Canadá, Reino Unido, Francia, Alemania, Holanda y los Estados Unidos– afirmaban que "la comunicación interna encabeza la lista de procesos que necesitan mejorar, cuando se llevan a cabo cambios importantes en una empresa"[76]. Poco tiempo después, otra importante consulta recababa la opinión de colaboradores en países hispanos. Aquel estudio, realizado sobre más de 60 mil trabajadores, anunciaba que "en la mayoría de las organizaciones y en todos los niveles, existe una actitud negativa hacia la comunicación interna"[77].

En la primera década del presente milenio, las problemáticas tuvieron una importante escalada y la mayoría de los países continuaron mostrando coincidencias en los resultados de sus investigaciones. Mientras los estudios en Latinoamérica exhibían problemáticas muy similares a las de España, este país no difería en sus tendencias con el resto de Europa. En el mismo período, una exhaustiva investigación realizada en países no hispanos arrojaba indicadores muy parecidos a los que surgían en Latinoamérica. Por su parte, en Australia, Rodney Gray aseguraba que las tendencias que surgían de aquella investigación en los Estados Unidos e Inglaterra no diferían de lo que sucedía en su país[78]. Paralelamente, Nicole D'Almeida, profesora de La Sorbona y autora del libro *La communication interne de l'entreprise*, me compartía personalmente que los obstáculos que enfrentaba la disciplina en las organizaciones de su país coincidían con la mayoría de los problemas que nuestro observatorio había detectado en Latinoamérica y España.[79]

---

76. "Corporate culture defined differently outside the us", Proudfoot Consulting, en www.findarticles.com.
77. Barranco Saiz, Francisco Javier, *Marketing interno y gestión de recursos humanos*, Pirámide, Madrid, 2000.
78. Gray, Rodney, "IC fail the test", artículo publicado en www.ipra.org.
79. D'Almeida, Nicole, reportaje en video, en www.comunicacion1A.com.

A partir de 2005, la comunicación interna comenzó a protagonizar los resultados de los estudios de clima, ubicándose entre los problemas más críticos dentro de las empresas. Esta situación no tenía precedentes ya que apenas diez años antes la comunicación laboral no aparecía con índices negativos en las encuestas de empleados. En 2008, la Asociación de Recursos Humanos de Argentina (ADRHA) me invitó a disertar sobre este fenómeno. En aquella oportunidad advertí que la comunicación interna ya había alcanzado el *top five* en los emergentes críticos de clima y que sería necesario que las organizaciones implementaran metodologías de gestión en esta materia. De lo contrario, sería difícil que los emergentes volvieran a sus índices históricos[80].

Por entonces, la versión 2008 de una importante investigación sobre comunicación organizacional realizada en más de treinta países de Europa ubicaba a la comunicación interna en sexto lugar entre las nueve disciplinas de comunicación más importantes para la organización[81]. Ese posicionamiento, también sin precedentes, tenía vínculo con las crecientes problemáticas de comunicación interna en las empresas europeas. El mismo estudio afirmaba que, de las nueve ramas disciplinarias, la comunicación interna sería la que más crecería en la siguiente década, y pasaría del sexto al tercer lugar en 2011. Al año siguiente, en 2009, la misma medición se realizó en 34 países europeos y aportó un detallado informe sobre el fuerte incremento de las necesidades comunicacionales dentro de las empresas del viejo continente[82]. Entre otras cosas, sus emergentes expresaban que la acción futura más importante en materia de comunicación interna era entrenar a los gerentes para que actúen como comunicadores.

---

80. Tessi, Manuel, "Comunicación interna ¿más preguntas que respuestas?", conferencia en ADRHA junto a Herrero Mitjans, Buenos Aires, 2008, en www.ManuelTessi.com.
81. European Communication Monitor 2008, www.communicationmonitor.eu.
82. European Communication Monitor 2009, www.communicationmonitor.eu.

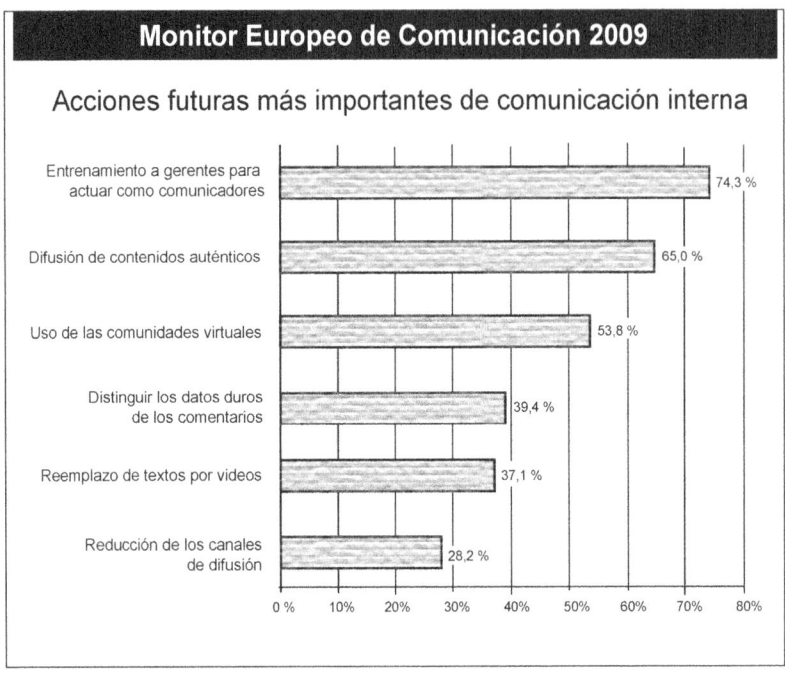

Un año después de estos pronósticos en Europa, el Centro de Estudios Financieros de Madrid (CEF) realizó un relevamiento para conocer cuáles eran las "diez toxinas empresariales en España y Latinoamérica". En el primer capítulo, anticipé que la consulta involucraba a más de un millar de encuestados, entre trabajadores, profesionales y directivos de varios países hispanoparlantes, y que determinaba que la comunicación interna había llegado a ser la principal "toxina" de las organizaciones[83]. Comparto a continuación un resumen del resultado que arrojaba el estudio en cuestión.

---

83. "Las 10 toxinas empresariales", Centro de Estudios Financieros de Madrid, www.cef.es.

> **INVESTIGACIÓN DEL CENTRO DE ESTUDIOS FINANCIEROS (CEF)**
>
> **Objetivo:**
> Conocer las "10 toxinas o enfermedades laborales" que más afectan a las organizaciones.
>
> **Trabajo de campo:**
> La encuesta se realizó entre noviembre de 2009 y enero de 2010 en forma virtual a 1.440 personas (82 % de nacionalidad española y 18 % de procedencia colombiana, mexicana, peruana, argentina, chilena, etc.).
>
> **Resultado:**
> 1°) "La mala comunicación interna es considerada la principal toxina de las empresas (62 %).
> 2°) "La desmotivación de los empleados" (51 %).
> 3°) "La mala organización del trabajo" (49 %).

Este trabajo tuvo varias repercusiones en la prensa española, y los principales diarios de Latinoamérica hicieron mención a estos resultados. La consulta ofrecía a los encuestados una lista de treinta y dos posibles *toxinas* laborales, pero se les solicitó que señalaran solo *diez* entre todas las opciones. Según los consultados, las diez problemáticas que más *intoxicaban* a las empresas eran las siguientes:

1. La mala comunicación interna (62 %).
2. La desmotivación de los empleados (51 %).
3. La mala organización del trabajo (49 %).
4. La incompetencia como líderes de los directivos (39 %).
5. La deficiente distribución de tareas (39 %).
6. La desconfianza de los jefes hacia los empleados (35 %).
7. El salario igual, sin tener en cuenta el rendimiento individual (35 %).
8. El conformismo o apoltronamiento de los empleados (34 %).

9. La imposibilidad de desarrollar una carrera profesional (33 %).
10. Los rumores (32 %).

Uno de los detalles interesantes de analizar sobre esta investigación es que casi la mitad de los consultados que eligieron estas opciones eran líderes organizacionales, gerentes de área, jefes de equipos o tenían colaboradores a su cargo. En cierta medida, ellos mismos eran responsables de esa comunicación interna a la que calificaban como la principal *toxina dentro de la empresa*. A juzgar por esta variable, daría la impresión de que muchos de ellos desconocían su responsabilidad directa. Acaso por eso el Euromonitor 2009 afirmaba que la acción futura más importante en esta materia era que los roles de conducción recibieran entrenamiento en herramientas de comunicación interna.

Otro detalle que resulta importante destacar del estudio realizado por el CEF es que emergen otras opciones de *toxinas*, más allá de *la comunicación interna*, que en realidad remiten a un aspecto o dimensión que le es propio a esta materia. La más evidente se da en "rumores", que aparece en décimo lugar (elegida con un 32 % de los votos). Con el análisis que hemos hecho en páginas anteriores sobre paradigmas integrados de comunicación interna, podemos afirmar que la opción "rumores" está integrada dentro de "comunicación interna". En caso de haber planteado las dos opciones juntas, probablemente el porcentaje de votos en el primer puesto hubiera sido más elevado aún.

Con respecto al segundo puesto de aquel ranking sobre *toxinas empresariales*, el siguiente emergente más votado en la consulta fue "la desmotivación de los empleados" (con un 51 %). Al analizar la posible relación entre "desmotivación" y "comunicación interna" también aparecen algunos puntos en común. Un tiempo antes de dar a conocer estos resultados, el mismo centro de estudios había publicado una encuesta en la que consultó a profesionales de distintas empresas hispanoparlantes sobre "qué cualidades debiera tener un directivo para poder motivar a sus reportes". Muchas de las respuestas obtenidas en aquella oportunidad presentaron una clara relación con los conceptos de comunicación interna integrada que presentamos en este libro. Aquella investigación del CEF arrojó una lista de diez cualidades que debiera poseer un directivo para motivar a sus reportes.

1. Manifestar confianza en sus colaboradores (48 %).
2. Dialogar de forma abierta con sus equipos (43 %).
3. Transmitir instrucciones con respeto (42 %).
4. Intentar solucionar los problemas (39 %).
5. Tratar a sus colaboradores como una parte importante para la empresa (36 %).
6. Exigir razonablemente (36 %).
7. Permitir desarrollar las capacidades de sus empleados (35 %).
8. Saber delegar (34 %).
9. Escuchar y contar con las ideas que aportan sus colaboradores (33 %).
10. Reconocer lo bueno y corregir lo malo (32 %).

A través de este listado también es posible ver la estrecha relación que presentan las cualidades de motivador que debiera tener un directivo, gerente o jefe, y los conceptos sobre comunicación interna directiva que hemos compartido en las páginas precedentes.

Las problemáticas no cesaron con la llegada de la segunda década de este siglo. La versión 2011 del *European Communication Monitor* –realizada en los años anteriores en poco más de treinta naciones de Europa– ahora ampliaba sus tendencias a cuarenta y tres países de aquel continente. Este estudio indicaba que más del 90 % de los gerentes de Comunicación ya formaban parte del Directorio en sus compañías o reportaban directamente al CEO. Sin embargo, los problemas de comunicación interna seguían siendo noticia[84]. Rara vez las tendencias hablaban de mejoras concretas en la comunicación interna y menos aún de capacitaciones para los directivos. Ese mismo año, en una consulta llevada a cabo en España, el 70 % de los encuestados aseguraba que "las empresas no desarrollan su comunicación interna, porque no existen acciones específicas o están muy limitadas"[85]. Por otra parte, al finalizar 2011, un estudio realizado en los Estados Unidos, sobre ochenta empresas del Condado de Fairfield, NY área metropolitana, revelaba que *la mayor parte de las firmas carecían de comunicación interna*. En este trabajo, el 43 % de los consultados afirmaba que el equipo de dirección de su empresa rara vez recibía capacitación formal[86].

La lista de investigaciones con emergentes similares es larga, y continúa creciendo. Los principales indicadores coinciden en diferentes industrias, países y culturas, y la gran mayoría de las noticias al respecto siguen siendo negativas. Al profundizar en los indicadores de estas tendencias es posible observar que también existen similitudes en las *causas* que originan las estadísticas. Entre ellas, aparecen la falta de escucha, el crecimiento del rumor y la queja, la saturación de información, la superproducción de mensajes escritos, la escasez de significado en la transmisión de metas, la insuficiencia de conversaciones presenciales, la ausencia de mediciones comunicacionales y la escasa comprobación de los beneficios económicos que aportan las implementaciones de comunicación interna.

Muchas de las causas que generan las problemáticas de comunicación laboral tienen relación con las siete premi-

---

84. European Communication Monitor 2011, www.communicationmonitor.eu.
85. RMG & Asociados, consulta del Foro Internacional del Marketing, www.foromarketing.com.
86. "Survey reveals Internal Communication is lacking in most firms", www.operationsinc.com.

sas que compartimos en los capítulos anteriores. Esa coincidencia no es casual, sino, por el contrario, deliberada. Cada una de las premisas fue pensada, no solo desde los modelos de gestión y las prácticas destacadas del mercado, sino también a partir de las problemáticas más recurrentes que emergían de estas tendencias. Pero más allá de las premisas, si hubiera que determinar un solo concepto para resumir todas las tendencias de los últimos quince años, debería repararse en las europeas que, ya desde 2009, advertían que la principal acción futura de mejora para la comunicación interna era entrenar a los gerentes en su rol de comunicadores. Veamos, a continuación, el grado de similitud que surge entre estos emergentes mundiales y los resultados particulares que aparecieron en los distintos países de Hispanoamérica en el mismo período.

Resultados en Hispanoamérica

Emergentes prioritarios

En 2006, me propuse profundizar las tendencias que suministraban las investigaciones internacionales y generé un proyecto para medir el estado de la comunicación interna en organizaciones hispanas. El objetivo no era solo recabar problemáticas y necesidades, sino también promover casos destacados y mejores prácticas que se daban en los distintos países. Con este fin, junto a un grupo de colegas que actualmente colabora desde la Argentina, Perú, Colombia, Chile y México, creamos el *Observatorio 1A*. Paralelamente, y con el apoyo de los consultores que aplican mi metodología en diferentes países y el permiso de las empresas que habían gestionado sus comunicaciones con estos consultores, realizamos congresos, conferencias y seminarios para difundir abiertamente aquellas prácticas.

El proyecto tuvo gran acogida y fue creciendo con el paso de los años. En la actualidad, continuamos realizando encuentros de actualización disciplinaria, capacitaciones metodológicas y clases de posgrado en asociaciones profesionales, universidades y escuelas de negocio de distintos países. Al aumentar la cantidad de noticias en las que la comunicación interna cobraba fama como *problema*, nos propusimos hacer crecer las propuestas que llevaran soluciones y difundieran nuestra especialidad como *disciplina*. Gracias a este accionar conjunto y desinteresado de muchos profesionales, empresas y universidades, logramos llevar más de quince años de prácticas, desarrollo de herramientas y modelos de gestión a un público abierto que, en general y hasta ese momento, no había tenido acceso a ese tipo de contenidos.

A través de estas actividades logramos interactuar presencialmente con casi un millar de profesionales, colegas de comunicación y dirigentes organizacionales de España, México, Costa Rica, Colombia, Venezuela, Perú, Chile, Argentina, Uruguay y, en algunos casos, también de los Estados Unidos. Por este motivo, todas las encuestas del *Observatorio IA* se realizaron en el marco de actividades presenciales de capacitación o actualización profesional. Cada consulta se dirigió a una audiencia que demostraba interés concreto en esta disciplina, ya que asistía a instancias de congresos y seminarios exclusivos en esta materia. De tal modo, ninguna de las encuestas del observatorio se realizó de manera remota, por Internet o a través de llamados telefónicos. Todas surgieron de consultas realizadas después de participar activamente en los distintos encuentros profesionales. Esta particularidad permitió alcanzar con éxito la meta de profundizar las tendencias internacionales, además de asegurar que quienes respondieran las encuestas también pudieran aportar dentro de sus organizaciones las herramientas vistas en los seminarios. Comparto a continuación los tres emergentes más importantes surgidos las consultas realizadas entre 2006 y 2012 en casi una decena de países hispanos.

TENDENCIA EN PAÍSES HISPANOS

España, México, Costa Rica, Colombia, Venezuela, Perú, Chile, Argentina y Uruguay
Encuestas realizadas entre 2006 y 2012

Observatorio 1A

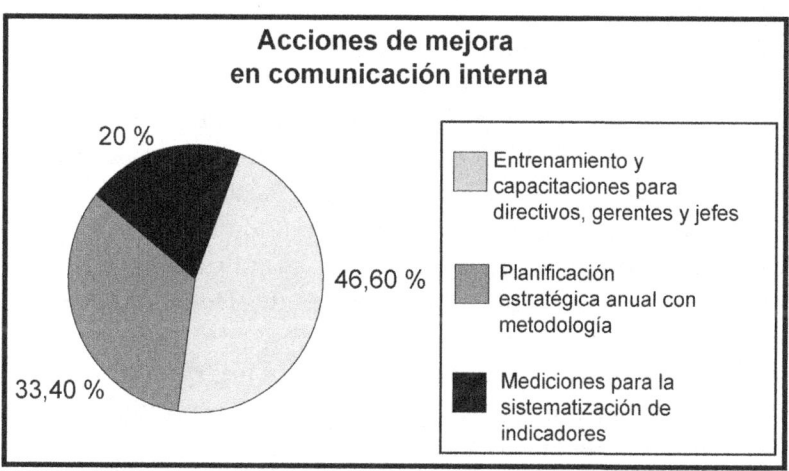

Acciones de mejora en comunicación interna
- 20 % — Entrenamiento y capacitaciones para directivos, gerentes y jefes
- 46,60 % — Planificación estratégica anual con metodología
- 33,40 % — Mediciones para la sistematización de indicadores

Como demuestra el gráfico, casi el 50 % de los encuestados solicitaba involucrar activamente a los directivos en las comunicaciones internas a través de capacitaciones y actividades de entrenamiento. El resto de las tendencias se divide entre la necesidad de generar una planificación estratégica anual con metodología y contar con una sistematización de indicadores de gestión. Las tendencias de comunicación interna en países hispanoparlantes coincidían con las provenientes de otras regiones del mundo. A mediados de 2012, luego de más de seis años de estudios, el principal emergente que surgía en todas las consultas hispanas era la necesidad de que los dirigentes organizacionales se involucraran en la comunicación interna. Y al igual que en Europa, la acción más importante por realizar era capacitar a los gerentes en esta materia.

Al profundizar en el pedido de entrenamiento para los líderes de la organización, los encuestados coincidían también en el tipo de herramientas que sería necesario aplicar. Antes que solicitar técnicas de persuasión para influenciar a los equipos de trabajo, requerían entrenamiento para profesionalizar la escucha, el disenso y el intercambio presencial. Por otra parte, casi todos los profesionales de comunicación solicitaban apoyo de los altos mandos de la organización para lograr una gestión integrada de las comunicaciones. Los encuestados solicitaban también incluir a los jefes intermedios como emisores en las estrategias comunicativas. Una de las razones que sostenía este pedido era el recurrente paradigma que, de manera tácita, depositaba la mayor parte de la responsabilidad de las comunicaciones laborales en los profesionales del Departamento de Comunicación Interna.

Este reclamo de involucración de los líderes organizacionales afloraba también en otro tipo de herramientas, que iban más allá de la capacitación. Uno de los pedidos que resultaba destacable era aquel que hacían los departamentos de Comunicaciones para que los directivos organizacionales consideraran los indicadores de comunicación en la toma de decisiones generales. En algunos casos, solicitaban que los dirigentes aprendieran a monitorear métricas específicas de comunicación interna para comprobar su impacto en el negocio. Sin embargo, por el otro lado, los dirigentes se defendían aduciendo que las áreas especialistas no proveían a la organización de metodología específica de comunicación interna. Esta carencia de modelos afectaba, según ellos, la profesionalización de las comunicaciones de los roles de conducción. Los líderes argumentaban que la insuficiencia metodológica implicaba también que los programas de capacitación que les proponían siempre terminaban siendo los tradicionales talleres de *comunicación efectiva* que desde hacía varias décadas venían demostrando que no otorgaban soluciones de fondo.

El segundo indicador más importante en los emergentes del *Observatorio 1A*, como vimos, se refería a problemáticas en la planificación estratégica. Este índice se fundamentaba en que los planes de comunicación interna en su mayoría eran rudimentarios, reactivos y demasiado tácticos. Los encuestados en general –y en particular aquellos que no conformaban las áreas de comunicaciones– reclamaban una planificación estratégica anual, que fuera más allá de las acciones tradicionales basadas en medios remotos y que permitiera proyectar metas comunicacionales de tres a cinco años con mayor participación del resto de los actores organizacionales. Los emergentes relacionados con este indicador mostraban varias aristas complementarias. Solicitaban que la organización implemente modelos integrales, para que la planificación de largo plazo y la involucración de quienes tuvieran roles de conducción lleve paulatinamente a que los trabajadores también asuman la responsabilidad sobre las comunicaciones internas. La planificación estratégica anual que reclamaban implicaba sumar a todos los integrantes de la organización como comunicadores.

El tercer emergente del *Observatorio 1A* hacía mención a la necesidad de contar con indicadores sistemáticos de comunicación interna. Esto se alimentaba en la afirmación que muchos países hacían sobre la ausencia de mediciones específicas dentro de sus organizaciones. En su mayoría, los encuestados admitían que las instituciones en las que desarrollaban sus labores implementaban encuestas de opinión de empleados o de clima laboral, pero que ante problemáticas reiteradas en las comunicaciones laborales, no se invertía en métricas específicas de comunicación interna. Al asistir a los congresos y seminarios de mejores prácticas y observar que la escucha sistemática era siempre una doble instancia de planificación –para abrir y cerrar la estrategia– la mayoría aseguraba que las métricas específicas de comunicación interna eran indispensables para generar una gestión efectiva y profesional. Ya en los primeros congresos, los diferentes países mostraron una tendencia que el Observatorio corroboró con los años. Las mediciones de comunicación interna eran la herramienta menos aplicada en las estrategias llevadas a cabo por todas las organizaciones.

Síntesis en tres palabras

Un podio para las acciones de mejora

Después de los primeros años de resultados, el *Observatorio 1A* comenzó a aportar un resumen didáctico de las principales tendencias. A continuación, comparto una síntesis expresada gráficamente en un *podio* que contiene solo tres palabras, cada una de las cuales implica la acción de mejora prioritaria que se debe realizar en la gestión profesional de la comunicación interna.

Podio de acciones de mejoras para la gestión de comunicación interna

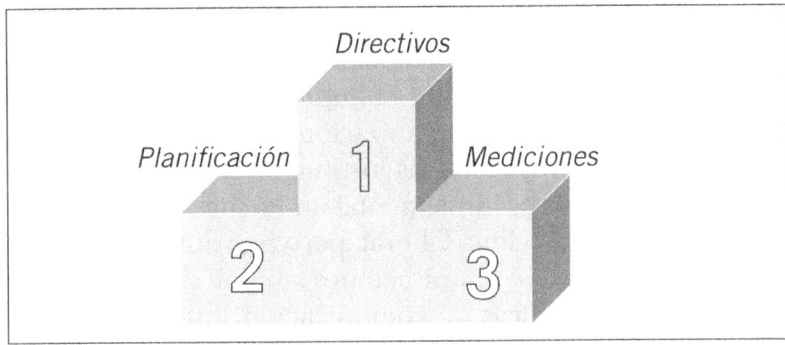

V - TENDENCIA

Las tres palabras del *podio* representan las variables principales de gestión que debieran atenderse en la actualidad, según la opinión de casi un millar de profesionales de países hispanoparlantes. Los consultados solicitan que la comunicación interna efectiva comience primero con *herramientas de capacitación para los directivos*; en segundo lugar, con una *planificación basada en modelos de gestión*, y tercero con una evaluación basada en *sistemas de mediciones* específicos de comunicación interna. Al comparar este podio con emergentes de otras regiones del mundo, es posible observar que la trilogía *Directivos-Planificación-Mediciones* es aplicable a la mayoría de los mercados, culturas y países.

Además de facilitar el proyecto de una intervención organizacional en solo tres ejes, la síntesis del *podio* permitía que los asistentes a los seminarios pudieran generar una gestión de mayor sinergia y productividad. Trabajando sobre una de las variables podía impactarse en las otras. A pesar de ser tres variables distintas que podían ser estudiadas, consideradas y gestionadas por separado, el equipo del *Observatorio 1A* destacó que existía una fuerte relación de interdependencia entre ellas. Al analizar con detenimiento cada uno de los índices, aparecía una influencia, como causa o como efecto, en los otros. La capacitación y entrenamiento de los directivos (primer emergente) podía impulsar de manera sinérgica la gestión del Departamento de Comunicaciones hacia la planificación estratégica deseada (segundo emergente). Dicha planificación requeriría, para cumplir con la condición estratégica, sumar un sistema de medición que aporte indicadores confiables (tercer emergente). Los tres indicadores podían potenciarse con fuerza entre sí.

Sin embargo, el análisis más importante de sinergia aparecía al estudiar el impacto del tercer emergente sobre el primero. Esto quería decir que los directivos probablemente se comprometerían con mayor estímulo en un entrenamiento comunicacional si las mediciones de comunicación interna dentro de su empresa demostraran esta necesidad con indicadores. La experiencia de campo corrobora que la involucración directiva en cualquier proyecto organizacional siempre es mayor cuando existen índices numéricos que así lo requieren. Y las prácticas demuestran que sin un tablero de mediciones confiable es muy difícil lograr que los altos mandos reparen suficientemente en la gestión de comunicación interna. Esta situación llevaba a que los profesionales pudieran ponderar los puestos del *podio* con otra mirada y que el tercer lugar, no por ser tercero, fuera menos importante. A la luz de este análisis, contar con indicadores sistemáticos de comunicación interna era determinante para influir sobre la primera variable del podio y que los líderes se involucraran más en las comunicaciones. Finalmente, si el tercer índice (mediciones) podía impulsar a la primera variable (directivos), los tres lugares del podio conformaban un círculo virtuoso. El gráfico a continuación representa esta correlación entre las acciones de mejora del podio.

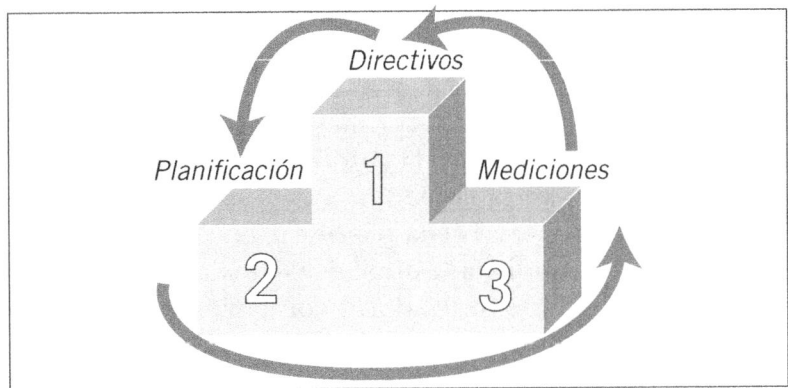

Los congresos, seminarios y clases fueron el principal laboratorio de investigación y desarrollo del *Observatorio 1A* para analizar estos emergentes. Por ejemplo, la idea de que el podio guardaba una relación directa entre las tres variables surgió por primera vez de las reflexiones realizadas por profesionales de DIRCOM en Madrid, durante un seminario que me invitaron a dar en 2009 en la capital española[87]. Al presentar estos emergentes, los comunicadores locales coincidieron en que las mediciones específicas de comunicación interna –a pesar de no ser el primer indicador– serían quizás la herramienta que mejor ayudaría a apalancar el entrenamiento de los roles de conducción en materia de comunicaciones.

Palabras finales

El futuro de la comunicación interna

Se acercan décadas de grandes oportunidades en materia de comunicación laboral. Son oportunidades únicas de crecimiento para los directivos organizacionales, para los gerentes y jefes, y fundamentalmente para los profesionales de la comunicación. De hecho, y como decía al iniciar el primer capítulo, todas las personas que trabajamos dentro de esas organizaciones, cualquiera sea nuestro puesto, jerarquía o educación formal, tenemos una gran oportunidad de crecimiento personal y profesional si consideramos el rol comunicante que nos corresponde en el trabajo. La principal energía de este crecimiento surgirá de entender que al hablar de comunicación interna en nuestro trabajo no estamos haciendo referencia a algo ajeno, que es responsabilidad de otros.

La gran mayoría de los seres humanos pasamos una parte importante de nuestra vida trabajando dentro de organi-

---

[87]. Tessi, Manuel, "Comunicación interna en tres dimensiones", seminario dictado en DIRCOM, Madrid, España, 2009, en www.comunicacion1A.com

zaciones, relacionándonos con gran cantidad de personas. Las implicancias que genera una buena o mala comunicación en el ámbito laboral van mucho más allá de eso que llamamos "trabajo". Toda comunicación es una energía indivisible que sale de la oficina y alcanza a nuestros hogares. Permea las paredes de la fábrica y accede a la sociedad. Se va con nosotros después de cada jornada laboral y alcanza a nuestro entorno, pareja, hijos, familiares y vecinos. La comunicación tiene esa propiedad *líquida* que se filtra por cualquier resquicio hacia los diferentes ámbitos personales y sociales. Y si tantas horas de nuestra vida están signadas por el trabajo, no resultaría nada inapropiado tomar la comunicación laboral como algo que requiere reflexión personal y acción individual. Ya no se trata solamente del éxito de la empresa, de los objetivos del área o de las metas del equipo. Ni siquiera es cuestión de nuestra carrera profesional. Se trata de la energía que generamos para nuestra propia vida.

En este contexto, será necesario dejar de lado las buenas intenciones y tomar cartas en el asunto. Un camino inicial será aceptar que hasta aquí hicimos lo mejor que pudimos con la escasa educación en materia de comunicación efectiva que recibimos en el colegio o la universidad; asumir que no contamos con herramientas personales para escuchar con empatía y con suficiente profundidad a nuestros semejantes; reconocer que no nos hemos entrenado individualmente para acceder a paradigmas más amplios a través del diálogo (*logos* más profundos que pueden llevarnos a estadios superiores de comunicación). Y si acaso contamos con esas herramientas y nos hemos entrenado individualmente, recordar que en materia de comunicación humana siempre hay algo para aprender, mejorar y superarse.

La oportunidad ha llegado. La mayoría de las organizaciones están muy preocupadas y, con más o menos herramientas, buscan darle respuesta a sus crecientes contingencias de comunicación laboral. Los profesionales dedicados a esta materia estamos ante una posibilidad muy concreta si presentamos modelos integrados de gestión y nos proponemos asesorar a todos los integrantes de la organización para asumir el desafío planteado. La chance de que crezcan las inversiones en esta disciplina y el prestigio de la profesión son muy altas. En este contexto, no será nada sorprendente que en menos de una década llegue el momento en que *la comunicación interna sea más importante que el marketing*, como ya anticipaban en 2009 los estudios en más de treinta países europeos.

¿Qué será necesario para que esta predicción se cumpla? Será prioritario que los profesionales de comunicación estemos listos para dar respuesta efectiva a las demandas que provienen de las tendencias. ¿Cómo podremos hacerlo? Formándonos específicamente en esta especialidad, para lo cual será necesario reconocer antes que nuestra instrucción profesional, acaso, está basada en otras disciplinas, tal vez en especialidades de comunicación externa, como el periodismo, las relaciones públicas o la publicidad, o en ciencias del comportamiento, como la psicología, las relaciones laborales o la sociología. Todo ese conocimiento será útil, por supuesto, si se suma al que es propio de esta especialidad, que cuenta con herramientas, objetivos y metodologías que son únicos y precisos. Así podremos guiar a la organización hacia estrategias efectivas, integrales y sustentables.

En definitiva, las palabras finales de este libro no difieren de las iniciales. Al comenzar el primer capítulo comenté que el escenario más próspero que imagino para la comunicación interna es aquel en el que todos los integrantes de la organización asumen de manera consciente su rol comunicante. Aunque parezca un objetivo lejano o "humanamente imposible", sigo pensando que vale la pena el intento. Aunque a menudo fallemos, con "tacha y pecado", es necesario que no descartemos esta posibilidad. Como comunicadores tenemos en nuestras manos una herramienta muy poderosa: *la palabra*. Esa unidad semántica, que es la base de nuestro trabajo, tiene la posibilidad concreta de crear realidades. Escribamos entonces palabras que construyan esta posibilidad. Hablemos dentro de la organización en voz alta sobre esta alternativa. Pensemos en palabras positivas que nos permitan crear el Departamento de Comunicaciones más grande jamás creado, aquel que integramos todos los que conformamos la organización. Visualicemos una organización aprendiente, como dice Peter Senge, con trabajadores deseosos de aprender a comunicarse cada vez mejor. Confiemos en que el éxito duradero de nuestra querida especialidad se forjará cuando entreguemos todo de nosotros para asistir a cada uno de los integrantes de la organización en el uso de la palabra.

BIBLIOGRAFÍA

Almagro, Juan José, *El reloj de arena: La mística de los recursos humanos*, Pearsons, Madrid, 2004.

Álvarez de Mon, Santiago, *Desde la adversidad. Liderazgo: una cuestión de carácter*, Prentice Hall, Madrid, 2003.

Barlow, Janelle y Moller, Claus, *Una queja es un regalo*, Gestión 2000, Barcelona, 2007.

Barranco Saiz, Francisco Javier, *Marketing interno y gestión de recursos humanos*, Pirámide, Madrid, 2000.

Buckingham, Marcus y Coffman, Curt, *Primero, rompa todas las reglas*, Norma, Bogotá, 2000.

Covey, Stephen, *Los 7 hábitos de las personas altamente efectivas*, Paidós, Buenos Aires, 1995.

Covey, Stephen, *El 8° hábito. De la efectividad a la grandeza*, Paidós, Buenos Aires, 1995.

Csikszentmihalyi, Mihaly, *Fluir. Una Psicología de la felicidad*, Kairós, Barcelona, 1997.

D'Almeida, Nicole y Libaert, Thierry, *La communication interne de l'entreprise*, Dunod, París, 2007.

De Marchis, Giorgio; Gil Casares, María y Lanzas, Francisco Javier, *Organización y psicología en la comunicación interna*, Fragua, Madrid, 2007.

Del Pozo Lite, Marisa, *Gestión de la comunicación interna en las organizaciones*, Eunsa, Universidad de Navarra, Barañain, 2007.

Dessors, Dominique y Guiho-Bailly Marie-Pierre, *Organización del trabajo y salud. De la psicopatología a la psicodinámica del trabajo*, Asociación Trabajo y Sociedad, Buenos Aires, 1998.

Doncel Fernández, Luis, *Mandos intermedios y comunicación*, Dykinson, Madrid, 2001.

Drucker, Peter, *The practice of management*, HarperCollins, New York, 1993.

Echeverría, Rafael, *Actos de lenguaje. Volumen I: La escucha*, Granica, Santiago de Chile, 2007.

Echeverría, Rafael, *Ontología del lenguaje*, Granica, Buenos Aires, 2006.

Elías, Joan y Mascaray, José, *Más allá de la comunicación interna: la intracomunicación*, Gestión 2000, Barcelona, 1998.

Epícteto, *Manual. Disertaciones por Arriano*, Gredos, Madrid, 2001.

Fernández, Jorge O., *La expresión oral. Oratoria moderna. Presentaciones efectivas. Técnicas - Estrategias. Ejercicios*, Lumiere, Buenos Aires, 2008.

Fernández Collado, Carlos, *La comunicación en las organizaciones*, Trillas, México DF, 1995.

Frankl, Emil Viktor, *El hombre en busca de sentido*, Herder, Barcelona, 2011.

Frankl, Emil Viktor, *Fundamentos y aplicaciones de la logoterapia*, San Pablo, Buenos Aires, 2000.

Freud, Sigmund, *El malestar en la cultura*, El Ateneo, Buenos Aires, 2003.

Fromm, Erich, *El arte de escuchar*, Paidós, Barcelona, 1993.

Galeano, Ernesto, *Modelos de comunicación*, Macchi, Buenos Aires, 1997.

García Jiménez, Jesús, *La comunicación interna*, Díaz de Santos, Madrid, 1998.

Gofee, Rob y Jones, Gareth, *How to be more effective leader*, Leadership Narrative, Harvard Business School Publishing Corporation, 2007.

Goleman, Daniel, *La inteligencia emocional. Por qué es más importante que el coeficiente intelectual*, Vergara, Buenos Aires, 2000.

Harvard Business Review, *Estrategias de crecimiento*, Cap. "Para hacer realidad la fusión", Deusto, Barcelona, 1999.

Hall, Edward T., *La dimensión oculta*, Siglo XXI Editores.

Herrero Mitjans, Saturnino, *La comunicación incomunicada*, Temas, Buenos Aires, 2005.

Herrero Mitjans, Saturnino, *La comunicación cosificada*, Temas, Buenos Aires, 2008.

Hoff, Ron, *Dígalo en seis minutos. Cómo hablar poco y decir mucho*, Granica, Buenos Aires, 1996.

l'Homme, Cristina, *70 jours dans l'enfer de la mine*, Prisma Presse, París, 2010.

Lundin, Stephen y Nelson, Bob, Ubuntu. *Relato sobre la filosofía africana de trabajo en equipo, cooperación y lealtad,* Norma, Bogotá, 2010.

Maturana, Humberto y Varela, Francisco, *De máquinas y seres vivos,* Autopoiesis, Lumen, Buenos Aires, 2004.

Montesquieu, Charles Louis de, *El espíritu de las leyes,* Tecnos, Madrid, 2007.

Platón, *Diálogos* (obra completa), Gredos, Madrid, 1999.

Peters, Thomas J. y Waterman, Robert H. *En busca de la excelencia. Experiencias de las empresas mejor gerenciadas de los Estados Unidos,* Norma, Bogotá, 1995.

Rogers, Jenny, *Técnicas de influencia. Un manual práctico para pensar y trabajar con inteligencia,* Blume Empresa, Barcelona, 2000.

Schein, Edgar, *Psicología de la organización,* Prentice Hall, Naucalpan de Juárez, México, 1982.

Senge, Peter, *La quinta disciplina. El arte y la práctica de la organización abierta al aprendizaje,* Granica, Buenos Aires, 1992.

Spinoza, Baruch de, *Ética demostrada según el orden geométrico,* Alianza Editorial, Madrid, 2011.

Spinoza, Baruch de, *Tratado político,* Alianza Editorial, Madrid, 2004.

Stein, Edith, *Sobre el problema de la empatía,* Trotta, Madrid, 2004.

Sunstein, Cass R., *Rumores. Cómo se difunden las falsedades,* Debate, Buenos Aires, 2010.

Tucker, James, *La empresa terapéutica, Los conflictos y el control social en las organizaciones.* Oxford University Press México, México DF, 2000.

Ulrich, Dave, *Recursos humanos champions. Cómo pueden los recursos humanos cobrar valor y producir resultados,* Granica, Buenos Aires-Barcelona, 1997.

Ulrich, Dave y Ulrich, Wendy, *The why of work. How great leaders build abundant organizations that win,* McGraw-Hill, New York, 2010.

Von Foerster, Heinz, *Las semillas de la cibernética,* Gedisa, Barcelona, 1991.

Watzlawick, Paul, *Teoría de la comunicación humana,* Herder, Barcelona, 1993.

Weber, Max, *La ética protestante y el espíritu del capitalismo,* Fondo de Cultura Económica, Barcelona, 2011.

AGRADECIMIENTOS

Quiero agradecer a una mujer, a varios amigos y a un hombre por acompañarme en el proceso de escribir estas páginas.

Mi esposa es la mujer. Incondicional compañera de todos mis proyectos, incluso de esos que le quitan a su marido. No imagino ningún éxito posible en mi vida sin el apoyo de esta gran mujer que es Maricel Gómez Córdoba.

Roberto Casasnovas es el primer amigo de la lista. Le quitó horas a su sueño y a su importante trabajo como director de las consultoras de *Comunicación 1A*. Estando en México, Argentina, Chile, Perú o mientras unía esas geografías en un avión, leyó y releyó varias veces cada una de estas páginas. Y como si eso fuera poco colaboró en los casos de estudio, redactando incluso el resumen de alguno de ellos. Quiero agradecerle además su generosidad, porque me alentó a que escriba "como sos vos, Manuel". Aunque no lo haya logrado, querido amigo, me animó mucho la confianza que me diste.

Martín E. Fernández y Fabián García Nicora son otros importantes amigos en esta lista de agradecimientos. Talentosos profesionales, cada uno director de su propia consultora, reverdecieron las hojas del árbol con su *savia* de asesores experimentados. Amigos aprobados desde la primera impresión y probados en décadas de desafíos conjuntos, dedicaron muchas horas para que estas páginas tengan mayor utilidad para el lector. Ellos me conocen bien, en debilidades y fortalezas, y con esa empatía especial que tiene la amistad me aconsejaron para que minimizara las primeras y potenciara las últimas. Es una lástima que sean de Boca Juniors, porque de otra manera serían perfectos.

Juan Carlos Ruiz, otro gran amigo que me regaló esta bendita profesión, postergó horas con su familia o de su importante labor en Aguas de Barcelona para leer el borrador completo del libro. Este directivo ejemplar, amante de las maratones, de la comunicación y del Barça, me hizo aportes muy valiosos y me arengó en momentos de flaqueza. Gracias, Juan Carlos, por ayudarme a atravesar *la pared*, esa que aparece cuando menos te lo esperas, a pocos kilómetros de la meta.

María Gil Casares, una querida amiga, gerente de Comunicaciones del IESE y profesora de Comunicación Interna de la Universidad Complutense, que me honra desde hace años con su consejo. El agradecimiento es por recibir el borrador final y, sobre todo, por alentarme a escribir mucho antes de que se me ocurriera hacerlo. Recuerdo como si fuera hoy aquel café en el Paseo de la Castellana, donde me insististe que redactara este libro. Muchas gracias, María, tus palabras de aliento me acompañaron durante los años que me tomaron estas páginas.

María Fe Vázquez, mi amiga lejana de Bourne, Inglaterra, que siempre me recibe tan cercana como si aún viviera en Virrey Loreto, en el barrio de Belgrano, de Buenos Aires. Gracias por recibir el borrador y por profundizar en la premisa "Narrar con significado" que escribí inspirándome en el caso "que ya sabés".

José Lombardini, mi amigo argentino en Chile, que en otros encuentros de expatriados en Isadora Goyenechea, en *Tiramisú* o en *W*, con una Cristal o un pisco sour, me animó a escribir y publicar. Gracias, "Mono", por tus palabras de aliento.

Santiago Marcó, director de INSIDE Argentina, un profesional con el que da gusto trabajar y que genera confianza como pocos. Leyó diferentes borradores y me aportó distinciones que yo apenas tengo y a él le sobran. Agudo con las formas, corrigió aspectos clave del enfoque del libro.

Mariano Rivero, un gran ser humano y uno de los profesionales que más saben de la metodología de *Comunicación 1A*, aportó un buen número de estudios e investigaciones de comunicación interna realizados en diferentes partes del mundo, en particular en los Estados Unidos, Inglaterra y Australia. Con su incansable energía, le dio un excelente complemento a los estudios que, con mi esposa, habíamos recopilado en Europa y Latinoamérica.

AGRADECIMIENTOS

Los consultores SIC1A, a los que cariñosamente llamamos *insiders*, colegas que implementan y le dan vida al *Sistema de Comunicación 1A* en diferentes países. Todos, de manera manifiesta o latente, me inspiraron en cada renglón de este volumen. Su aporte está en cada ejemplo, anécdota o caso de estudio. Desde un inicio imaginé que serían los primeros lectores de estas páginas y deseé de corazón que su contenido los motivara a seguir aplicando estas siete premisas como lo han hecho hasta hoy.

La gente que integra las organizaciones del nuevo milenio necesita de vuestro granito de arena para seguir mejorando el entendimiento y la comunicación en el trabajo.

El gran equipo profesional y humano de Granica. Gracias Analía, Gabriela, Débora, Ricardo, Claudio y Ariel. Con su disposición y empatía me hicieron muy fácil el proceso de editar este primer libro.

Finalmente, quiero agradecerle al hombre que está explícito en la página inicial y sigue tácito en todo el libro. Ese hombre es Manuel Horacio Tessi, mi padre, y el agradecimiento es por tres motivos. A principios de la década de los sesenta, Manuel Horacio logró conquistar a una chica de San Nicolás, bella, inteligente y muy valiente. El primer agradecimiento es porque de ese inefable albur, con quien sería mi madre, salimos yo y mis hermanos, Mariela y Martín, seres maravillosos que me inspiran con su comunicación, muy humana y ejemplar. El segundo agradecimiento a mi padre es por la inflexible determinación que tuvo, dos décadas después de conquistar a mi madre, al momento de enviarme a la universidad. Tan inflexible fue su resolución como haragán su contrincante. Perdón por los insultos a escondidas, y gracias públicas por insistir. El tercer y último agradecimiento, querido viejo, es porque cuando te fuiste no te fuiste. No sé si desde la sangre, desde el cielo o desde la foto del cuadro me haces amar la comunicación. Ya lo voy a averiguar. Por lo pronto, te dedico este libro, ahora que lo revisé por todos lados, de atrás para adelante, como me enseñaste a revisar los zapatos cuando los lustrábamos juntos. Sé que no le pude sacar el brillo que vos le hubieras sacado, pero ya tendré revancha, ¿no?

Made in the USA
Monee, IL
28 April 2026